广州会展经济研究

王明亮◎主编

第二辑

经济管理出版社
ECONOMY & MANAGEMENT PUBLISHING HOUSE

图书在版编目（CIP）数据

广州会展经济研究（第二辑）／王明亮主编. —北京：经济管理出版社，2018.12
ISBN 978-7-5096-6193-2

Ⅰ. ①广…　Ⅱ. ①王…　Ⅲ. ①展览会—服务经济学—研究—广州市　Ⅳ. ①G245 ②F063.1

中国版本图书馆 CIP 数据核字（2018）第 266991 号

组稿编辑：张莉琼
责任编辑：张　艳　张莉琼　乔倩颖
责任印制：黄章平
责任校对：王淑卿

出版发行：经济管理出版社
　　　　　（北京市海淀区北蜂窝 8 号中雅大厦 A 座 11 层　100038）
网　　　址：www. E-mp. com. cn
电　　　话：（010）51915602
印　　　刷：三河市延风印装有限公司
经　　　销：新华书店
开　　　本：720mm×1000mm/16
印　　　张：14.5
字　　　数：238 千字
版　　　次：2018 年 12 月第 1 版　　2018 年 12 月第 1 次印刷
书　　　号：ISBN 978-7-5096-6193-2
定　　　价：49.00 元

本书编委会

编委会主任：李霞辉

编　　　委：李晓明　王明亮　符莎莉　蓝　天
　　　　　　江金波　罗秋菊　黄运亭

主　　　编：王明亮

副　主　编：张少华

编　　　辑：黄淑敏　李嘉苹

特 别 鸣 谢：广州市会展业行业协会
　　　　　　广州会展经济发展研究中心
　　　　　　广东工业大学
　　　　　　广州商务促进服务中心

前　言

　　2015 年 4 月 19 日国务院印发了《关于进一步促进展览业改革发展的若干意见》，将会展业的发展正式上升到国家战略层面。行业发展，教育先行。意见明确要求各职业院校和本科高校"深化教育教学改革，培养适应展览业发展需要的技能型、应用型和复合型人才"。2017 年中共十九大报告指出"优先发展教育事业"，要"完善职业教育和培训体系，深化产教融合、校企合作"，要"加快一流大学和一流学科建设，实现高等教育内涵式发展"。探索契合人才培养规律及行业发展需求的会展人才培养模式，已经成为一道摆在会展教育工作者面前亟待解决的现实课题。

　　在此背景下，为加强泛珠三角城市会展院校、协会及企业间的合作交流，促进会展教育人才创新发展，构建多层次、立体化和综合性会展人才的培养体系，泛珠三角城市会展联盟 2016 年主办了首届中国（广州）会展教育合作创新大会，并与中国会展经济研究会、教育部高校旅游管理类专业教学指导委员会联合主办了第二、第三届大会。历届大会广泛邀请了泛珠三角地区、国内中心城市会展学界、业界及行业协会和政府主管部门的专家学者与会，共谋会展人才协同培养方略，取得了良好的成效，获得了不少共识。

　　为更好地总结经验，我们将中国（广州）会展教育合作创新大会的部分成果结集出版，供学界和业界探讨，不尽之处，敬请斧正。

　　本书出版得到广东工业大学高水平大学建设项目（项目编号：262519009）资助，特此感谢！

编　者
2018 年 10 月

目　录
Contents

培养路径

课程设置

理论观点

他山之石

政策法规

培养路径

会展专业能力培育路径思考
——广东工业大学的探索[*]

王明亮　张成科
（广东工业大学经济与贸易学院，广州　510520）

[摘　要] 近年来会展行业的迅猛发展，对会展专业的人才提出了相应的需求，如何培养符合现代会展业发展需要的应用型创新人才，是当前会展教育面临的重要任务。广东工业大学会展专业自创办以来，积极探索会展专业能力培养的路径，在人才培养模式、实践教学体系等方面取得了一定的成绩。本文对此成果经验进行了梳理归纳，以期为同类院校会展专业建设提供借鉴思路。

[关键词] 培育路径；竞赛驱动；会展实践

广东工业大学经济与贸易学院（以下简称学院）的会展经济与管理专业前身是 2009 年 9 月开设的经济学专业（会展经济与管理方向）。2010 年 9 月学院正式成立会展经济与管理本科专业，每年对外招生 80 人，并于 2014 年 5 月通过了新增学士学位授予专业的评审。和国内其他学校会展专业普遍面临的问题相似，广东工业大学会展专业也面临师资短缺、学科支撑薄弱的局面，学院依托国际经济贸易学科的发展基础，发挥学校工科背景优势，积极探索会展专业人才培养建设的新模式，推动教学方式、方法的改革，在专业人才培养模式和效果方面等都取得了明显的成效。

---

　　* 作者简介：王明亮（1969—　），男，浙江江山人，广东工业大学经济与贸易学院副院长，教授，主要从事公司治理、劳资关系及创新经济学领域的研究工作；张成科（1964—　），男，广西钟山人，广东工业大学经济与贸易学院院长，教授，主要研究方向为博弈论和信息经济学。

一、以满足人才需求为出发点，科学制定培养方案

在专业建设过程中，学院充分结合自身基础，以市场需求为导向，紧跟专业发展前沿，科学制定专业培养方案。

（一）结合自身特点，合理定位专业发展方向

学院在专业设立伊始就明确了未来的发展方向，重点依托学院国际经济与贸易学科，发挥学校工科背景优势，围绕"强基础、重能力、凸特色"的目标培养复合型会展人才。2009 年 9 月会展经济与管理作为经济学专业的一个方向招生，2010 年 9 月会展经济与管理专业被正式批准后，学院结合学校特色开设了工业品展示和会展设计 2 个专业方向。经过 5 年的建设，学院根据专业建设所形成的特色及未来的建设目标，于 2014 年调整专业方向为会展策划和会展设计。

（二）加强社会调研，构建广泛参与的培养方案制定机制

学院以培养社会发展所需的人才为着眼点，密切关注社会发展的趋势和市场需要，充分吸纳会展业界人士、毕业校友等社会各界资源参与培养方案制定的机制。

第一，学院建立了完备的毕业生跟踪反馈系统，组织专人通过问卷调查、电话咨询等方式与用人单位、毕业校友联系，主动获取信息，了解毕业生在用人单位的发展情况，为专业培养方案及课程设计提供参考意见。同时，学院还通过问卷调查、小组座谈等方式对会展专业的在校生和应届毕业生进行调研，了解学生对专业培养的认识。

第二，学院积极选聘会展业界人士来校开展专业专题讲座及担任兼职导师，明确专业人才发展新需求，保证课程设计、教学内容与社会生产现状同步，从而在一定程度上缓解会展业人才供需错位的情况，真正实现与企业、与市场需求的对接。

第三，学院建立由专家学者和业界人士组成的委员会，定期对专业培养目标、培养方案、培养途径和培养效果等进行评估，提出调整和改进意见。以最新制定的 2016 年培养方案为例，新的方案吸收了 2015 年 5 月专业校内评估专家委员会（委员会成员来自高校及业界）的评估意见。例如，针对评估

专家组提出的展览现场服务这一实训模块引入相对较晚的问题，学院在新版教学方案中突出了不同年级实习内容安排的层次性，遵照循序渐进的原则，调整实习顺序，将旧版培养方案中开设于三年级上学期的展览现场服务前移至二年级上学期，积极构建全过程覆盖式的校外实践体系（见图1）。

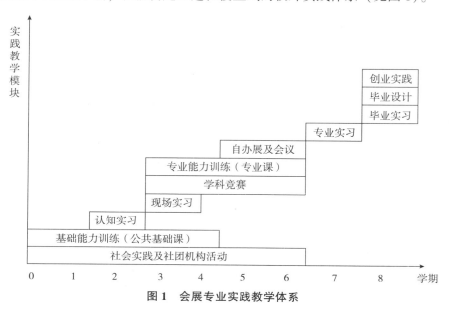

图1　会展专业实践教学体系

此外，学院还积极开展社会调研工作，加强与兄弟院校的沟通与联系，及时了解会展专业办学走势与学科发展方向，明确专业核心课程体系。学院还通过资料收集的方式汇总国外典型院校会展专业的人才培养观念和培养方式，借鉴发达国家先进的会展教育经验。

二、突出特色教学，强调双语和 PBL[①] 教学

在教学过程中，学院注重结合会展专业的特性，积极采用先进的教学方式，形成了双语教学和 PBL 教学的特色，以适应会展经济与管理人才"高素质、强应用"的要求。

一方面，依托学院国家级双语示范课程的现有基础，结合会展国际化

---

① PBL：基于项目和问题学习。

发展的人才需求，突出双语教学特色，通过"商务与管理沟通""商业研究方法""跨文化交际""国际贸易理论"和"国际贸易实务"等双语课程，强化学生的英语运用能力，确保专业人才培养方案中培养学生具有较强外语能力的教学目标的实现。

另一方面，结合会展专业应用性和实践性强的特点，学院积极推广"基于项目和问题学习"（PBL）的新教学方法的应用，重点培养学生对自主学习、解决实际问题的能力，满足会展人才培养的需求。与传统教学方法不同，PBL 教学过程中学生是知识的主动构建者，教师通过项目和问题让学生将所学知识联系实际进行思考，进而获取和理解知识。目前学院已在"会展营销"和"展览策划"等专业核心课程采用了 PBL 教学法。

以"会展营销"课程为例，在考虑会展行业营销岗能力要求的基础上，以实际营销流程为依据设计教学模块，并重视学生和教师的交流，主要采用小组讨论代替大部分的传统班级授课。在课程设计主要按提出问题——布置任务——理论指导——收集资料——分析出方案的步骤实施，通过重新整合会展营销课程的知识点，将会展营销依据实践操作流程划分为不同阶段，采用启发式教学。在考核上，采用小组整体评分、组长评分、自我评分和个人答辩的方式。通过 PBL 教学法增强学生学习的积极性和主动性，协助学生重新理解会展专业课程，提高授课效率和教学效果。

三、创新教学模式，强化会展实践技能

结合会展专业强实践性的特点，学院在专业建设过程中主要采用项目和竞赛双轮驱动的教学模式，强调实践教学，通过"做中学"提高学生的专业技能。

（一）项目驱动教学

近年来，国内有会展专业的高校开始陆续采用项目驱动型教学方式，或是以综合性校园实践活动为平台，贯通相关专业课程，如上海师范大学（王春雷，2010）；或是直接成立机构如会展服务中心，承接商业展会或会议，如浙江大学城市学院（张健康、方玲玲，2008）。而从广东工业大学经济与贸易学院来看，采用的是这两种类型结合的方式。

一方面，针对学生，学院设立创业创新项目，让其全程参与项目和课

题的运作，实现项目参与的日常化运作。

（1）创业创新项目。根据（教高函〔2012〕5号）的要求，学校积极推进大学生创新创业训练计划项目的实施，通过项目运作增强学生创新和创业能力。为更好地激励学生申报项目的积极性，2012年广东工业大学出台了《创新创业实践学分认定及课程免修实施暂行办法》。创新创业项目主要以团队形式申报，由二年级和三年级学生作为主体。立项类别分国家级、省级、校级/院级三层次和创新训练项目、创业训练项目、创业时间项目三类别。不同层次和类型的项目资助额度不同，最高额度的国家级创业实践项目资助力度可以达到10万元。近3年来，会展经济与管理专业共获得广东工业大学大学生创新创业训练计划项目国家级立项2项，省级立项5项，校级立项5项。立项项目紧跟会展专业发展前沿，如2016年立项的《"互联网+"背景下展览智慧化服务升级研究》和《基于虚拟现实技术的网络会展的发展现状与趋势研究》，均把握了当前会展业发展中智慧化发展的趋势。

而在一系列创业创新项目中，最为典型的是自办展项目。学院会展专业现已举办了四届Newjoys旅游展，展会的创新理念得到了凤凰网、新浪网、《羊城晚报》、南方电视台、广东广播电视台经济科教频道、汽车会展频道等媒体的报道，成为了专业的品牌活动。四届Newjoys旅游展的举办主题、举办时间以及参展效果等信息见表1。在自办展项目的运作过程中，学校仅提供少量的经费支持以及必要的场地，学生完全按照市场化的方式去运作展会。整个自办展周期一年，分为项目启动期、项目计划期、项目执行期和项目总结期，涉及展览策划、市场调研与预测、财务管理等专业课程的教学内容。以项目启动为例，主要包括自办展主题的确定等立项前期准备，需要学生通过问卷调查等方式进行市场调研，从而确立旅游展的主题。

表1 广东工业大学会展经济与管理专业 Newjoys 旅游展

届数	主题	举办时间	参展效果
第四届	游·私享（Enjoy yourself）	2016年11月25日	观展人次超过7000
第三届	Young Tour. 氧途	2015年12月6日	观展人次超过7000
第二届	On My Way	2014年12月5日	观展人次超过8000
第一届	红色、环保、公益	2012年4月27日	观展人次超过7000

学生以团队方式负责项目运作，分为策划组、外联组、推广组、物资组等部门，由各组组长在一年级和二年级学生中选拔学生开展工作。以外联组为例，其职责主要是负责招展招商工作，为展会拉取赞助和招揽参展商参展。在运作过程中，外联组成员与推广组、策划组，活动相关的外部商家、协会和团体及其他学校机构社团进行沟通联系。项目立项启动后，团队成员按分工合理开展工作，指导教师仅提供必要的指导。

（2）新兴经济体论坛和专场招聘会等活动。除了创业创新项目，学院还通过承办会展教育·人才培养合作创新大会（已举办一届）、新兴经济体论坛（已举办四届）和广州市首届会展专场招聘会等活动促进学生理论知识和实践技能的结合。以会展教育·人才培养合作创新大会为例，会展专业学生全程参与大会的策划与实际运营。

另一方面，针对专业教师，鼓励专业教师针对教学中出现的新问题以及新的教学方式进行研究，申报教研教改项目，提升专业教学质量。表2列出了近年来会展经济管理专业获得的教研教改项目。

表2　2011~2016 年广东工业大学会展经济与管理专业部分教研教改项目

年份	项目名称	项目类别
2011	产业转型升级背景下的广东高校会展专业设置与人才培养定位研究	广东工业大学高教研究基金项目
2012	基于工科特色的会展专业课程体系优化研究	广东工业大学高教研究基金项目
2013	基于产学研合作的高校科技创新和学科建设协同发展研究	广东工业大学高教研究基金项目
2013	基于项目驱动的创新型会展人才培养模式研究	广东工业大学高教研究基金项目
2014	会展创新人才培养与社会需求协同发展的模式研究——以广东工业大学会展经济与管理专业为例	广东省质量工程教改项目
2015	会展经济与管理专业综合改革试点	广东省质量工程教改项目
2016	会展专业校外实践课程体系及教学内容的优化设计与实践	广东省质量工程教改项目

（二）竞赛驱动教学

学院积极鼓励学生参与各类会展技能竞赛与相关资格考试，充分发挥学科专业竞赛对教学的促进作用，激发学生学习潜能，促进学生实践能力的提升。鼓励学生参加包括"远华杯"全国大学生会展创意大赛、全国高校商业精英挑战赛商务会奖旅游策划竞赛、中国会展未来领袖峰会"会展CEO"竞赛在内的全国性比赛及国际院校会展城市营销竞赛（台北）等国际比赛，加强学习与交流，实现"以赛促教，以赛促学"，提高会展技能训练的教学质量。

从教师层面来看，会展综合技能竞赛有助于提升专业教师的核心技能，掌握专业发展趋势。从学生层面来看，有助于保持学生对专业的热忱，激发学生对专业学习的兴趣，充分发挥学习的主观能动性，推动学生动手能力和创新思维的提升。同时在赛事中获奖也有助于提升学生学习的信心，提高学生在团队合作、待人接物、现场演示以及利用专业知识分析实际问题的能力。近年来，学院学生在"远华杯"全国大学生会展创意大赛、全国高校商业精英挑战赛商务会奖旅游策划竞赛、第8届国际院校会展城市营销竞赛（台北）等全国性和国际赛事中获得多项大奖，详见表3。此外，学院近年来有50多人顺利通过相关考试获得四级会展策划师、旅游营销师、理财规划师等资格证书。

表3　广东工业大学会展经济与管理专业学生参加会展竞赛获奖情况

年份	大赛名称	获奖情况	组织单位
2012	第二届"远华杯"全国大学生会展创意大赛	设计组一等奖1项、演讲组二等奖1项、策划组三等奖1项	教育部高等学校旅游管理类学科专业教学指导委员会、中国会展经济研究会
2013	第三届"远华杯"全国大学生会展创意大赛	综合组特等奖1项、管理组二等奖1项	教育部高等学校旅游管理类学科专业教学指导委员会、中国会展经济研究会
2014	第四届"远华杯"全国大学生会展创意大赛	综合组二等奖1项、管理组二等奖1项	教育部高等学校旅游管理类学科专业教学指导委员会、中国会展经济研究会
2015	第五届"远华杯"全国大学生会展创意大赛	创意策划策划组特等奖2项、设计本科组特等奖1项	教育部高等学校旅游管理类学科专业教学指导委员会、中国会展经济研究会

年份	大赛名称	获奖情况	组织单位
2015	全国高校商业精英挑战赛商务会奖旅游策划竞赛（苏州）	一等奖1项	中国国际商会商业行业商会、中国国际贸易促进微会员商业行业分会、中国会展经济研究会、中国旅行社协会会奖专业委员会
	中国会展未来领袖峰会暨第四届全国高校会展交流夏令营	冠军1项	中国旅游协会旅游教育分会、中山大学旅游学院、广州琶洲会展经济促进会
2016	全国高校商业精英挑战赛商务会奖旅游策划竞赛（厦门）	展治一等奖1项、竞赛二等奖1项	中国国际商会商业行业商会、中国国际贸易促进微会员商业行业分会、中国会展经济研究会、中国旅行社协会会奖专业委员会
	第8届国际院校会展城市营销竞赛（台北）	主题创意佳作奖1项、营销策划佳作奖1项	台湾经济部国际贸易局、台湾对外贸易发展协会
	第六届"远华杯"全国大学生会展创意大赛	创意策划本科组一等奖2项、才艺组一等奖1项	教育部高等学校旅游管理类学科专业教学指导委员会、中国会展经济研究会

学院对学生参与专业技能比赛给予资金、场地等方面的支持。具体来看，在资金方面，教务处及学院会对参赛队伍给予一定比例的资助，并对获奖队伍给予奖励。同时，学院有条不紊地开展比赛的组织工作，构建包括院级、省级和国家级的多层次技能竞赛机制。不同级别赛事侧重不同，校级主要侧重学生参与的广度，扩展覆盖面，而国家级和国际级的竞赛主要侧重塑造学院品牌。从具体操作流程来看：

（1）赛前积极动员。学院积极开展赛前宣传工作，积极动员学生参与比赛，扩大赛事覆盖面。具体来看，在赛前宣传方面主要采用专业教师课堂动员和赛前宣讲会两种方式。专业教师在赛前进行课堂动员，鼓励专业学生组队参加。近年来，学院将参赛覆盖面从本专业学生拓展到整个学院。在赛前，学院会邀请往届参赛代表和专业教师参加赛前宣讲会，分享往年参赛经验，并对比赛流程、比赛主题和规则进行详细介绍。同时会通过微信公众号及专题讲座等方式不定期进行赛事答疑活动。

（2）初赛选拔。在宣讲会后，学院组织校内选拔赛活动。由团委安排专人负责，邀请专业教师及业内专家组成评审小组，根据策划方案及现场汇报效果评选出优秀队伍及个人。在初赛现场，评审组就各小组提交的策划方案进行点评。

（3）复赛指导。根据初赛结果选拔结果，确立参赛队伍及指导教师，根据评审小组的意见进行策划方案的修改和完善工作。指导教师定期与参赛队伍见面，提供方案指导。同时邀请专业教师按专题进行培训，如现场接待礼仪等专题，并在最终出赛前组织教研室教师进行会演。在整个复赛指导过程中，指导教师充分激发学生的主观学习能动性和创意思维，将课程教学内容有机融入比赛辅导，并着重培养学生的团队协作意识，为学生提供全方位支持。

（4）现场指导。指导教师在现场主要帮助学生调整参赛心理，并为学生解决后顾之忧。同时在比赛过程中，指导教师要注意观察其他参赛队伍的现场汇报，结合比赛现场实际情况及时调整比赛会演安排，并在赛后积极和兄弟院校的教师交流经验，学习对方先进的教学方法，拓宽自身视野，提升专业水平。指导学生团队参赛，可以有效弥补专业教师知识能力的短板，注重教学的实用性和前沿性。

四、整合校内外资源，推进市场化运作

志愿者参与的会展实践尚不足以满足当前会展人才培养的需求，只有作为会展项目的工作人员真正承担项目执行人员的职责，才能让学生切实掌握会展实践技能。因此，学院从2016年起开始探索市场化运作发展的模式。2016年3月1日，会展经济与管理专业学生通过大学生创业实践项目成立了广州展趣会展服务有限公司。公司由学生自主经营和管理，通过整合校内外现有资源，将课程与实践对接，实践产学研一体化理念。

公司以真实的会展项目作为依托，以会展运作的知识管理体系作为指导框架，充分发挥学生的自主性、能动性和创造性。公司一方面将现有的会展教育·人才培养合作创新大会、Newjoys旅游展、广东工业大学科技成果展等作为自身的品牌活动，另一方面通过组建师生团队的方式承接市场业务，具体模式见图2。

从组织结构来看，公司采取以项目服务为中心的矩阵制组织结构形式，

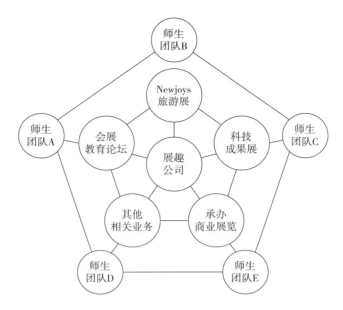

图2　广州展趣会展服务有限公司运作模式

设立市场部、业务部、设计部、策划部、会务部、财务部以及人事部等部门。学生要以公司正式人员的身份迎接企业运营和项目运作的不确定性所带来的压力和挑战，通过深度参与公司承接项目的运作提升自身职业素养和职业发展能力。同时为让学生更深入承担起项目执行人员的责任，公司会根据业务表现给予合理的报酬，从而提升学生对自身工作报酬的责任感。

参考文献

［1］刘松萍等. 会展人才培养与服务社会双向驱动模式的研究及实践［M］. 重庆：重庆大学出版社，2012.

［2］张健康，方玲玲. 基于项目驱动的会展创新型人才培养模式研究［C］. 2008世博会会展教育与研究国际研讨会论文集，2008.

［3］王春雷. 驱动型会展专业人才培养模式研究［J］. 旅游科学，2010（12）.

合作教育视野下会展专业人才培养的路径创新研究
——基于华南理工大学本科生毕业设计（论文）的调查*

江金波

（华南理工大学经济与贸易学院，广州 510006）

[摘　要] 毕业设计（论文）是本科专业人才培养全面质量管理的关键环节，是对科研思维的重要训练过程，对于大学生走向社会、增强实践工作能力具有深远意义。本文立足合作教育理论，借助于本科生毕业论文的调查，发现多数毕业生围绕自己熟悉的理论选题或其他自己容易调研的实际问题进行；为了提高毕业论文质量，大学与相关企业合作培养，协调实习与就业的时间冲突至为关键；校外导师的指导缺位，造就了论文选题以及论文实践价值的不足；出于避免与找工作时间冲突，充分调研并保障论文质量等原因，1/3 的毕业生认为毕业论文应该提前开始；调查的建议涉及毕业论文的选题、实习、就业与毕业论文的冲突、毕业论文的过程管理等。因此，本文从校企合作选题、校会合作平台建设、政校合作产业政策研究、校内会展项目创新合作教育模式、创新毕业论文管理流程，打通会展专业人才培养的"双创"轨道等深入论述了会展人才培养的路径创新。

[关键词] 会展专业；人才培养；路径创新；合作教育；毕业论文

引言

撰写毕业设计（论文）（以下简称毕业论文）是大学各专业人才培养的

---

* 作者简介：江金波（1966—　），男，江西上饶人，华南理工大学经济与贸易学院副院长，教授，研究方向为旅游创新与区域旅游。

重要环节，是大学人才培养规格"成品"的最后一道工序。一般本科院校均以 10 多个学分的大学分，3~5 个月（含动员启动和寒假）甚至半年的时间，并以实践教学类型（模块）专门进行毕业论文的安排。大学教育大众化的今天，国家进一步加强了本科教学质量与教学改革的建设，强化教学质量的"一把手责任"，明确要求提高本科生直接使用英语从事科研的能力[①]。本科毕业论文在强化学生理论知识的综合运用，尤其是在学生创新能力和科研水平的提高过程中发挥着积极作用。

围绕专业人才培养路径的相关研究多不胜数，其中，从毕业论文质量角度的相关研究也日渐丰富，基于毕业论文的调查实际的相关研究并不少见。但是，从合作教育视角展开的提升至人才培养路径创新的高度进行的研究十分罕见。因此，本文将毕业论文作为人才培养的重要手段和综合平台，开展对毕业论文的摸底调查，借助合作教育理论，探索会展专业人才培养的路径优化。研究有助于反思人才培养模式的现实缺陷，有助于政产学研用合作机制的建立，进而推动会展专业人才培养全程一体化的创新发展。

一、研究回顾

合作教育（Cooperative Education）最早由美国辛辛那提大学工程学院教务长赫尔曼·施奈德于 1906 年开创，1946 年美国职业协会发表的《合作教育宣言》正式将合作教育界定为："一种将理论学习与实际工作经历结合起来，使课堂教学更加有效的教育理念。"目前，美国开办不同层次、不同类型和不同形式合作教育项目的院校已有 1000 多所，约占全美高校的 1/3 强，合作教育所涉及的专业基本涵盖了每一个学科领域，是世界上实行产学研合作教育规模最大的国家之一。需特别指出的是，从最早的概念来看，产学研合作就被定义为教育的功能性平台，一种提高课堂教学效果的重要途径，即以人才培养为中心。这一点是今天依然要铭记于心的，至少从高等学校，包括职业院校以及研究型大学的角度看都应该是这样。这一点从美国职业院校产学研合作教育的普及，到斯坦福大学支持的硅谷发展中早已得到证明。

诚然，21 世纪的合作教育，早已突破一个世纪前的课堂教学范畴，走向更加广泛的时空范畴，从课堂走向社会，走向企业，走向实践教学领域。

---

① 教育部、财政部关于实施高等学校本科教学质量与教学改革工程的意见（教高〔2007〕1 号）。

为此，世界合作教育协会将"合作教育"解释为"将课堂上的学习与工作中的学习结合起来，学生将理论知识应用于与之相关的、为真实的雇主效力且通常能获取报酬的工作实际中，然后将工作中遇到的挑战和增长的见识带回课堂，帮助他们在学习中进一步分析与思考"。这里的"合作"是指与普通职业人一样的真实的工作。

在我国，"合作教育"通常称为"产学研合作教育"，其实质上是学校和产业部门共同实施的人才培养过程，理论基础是教育同生产劳动相结合的原理。目前针对大学生的合作教育方面，主要集中于合作教育平台、模式、问题及路径研究等。在路径优化方面，着眼于产学研一体化本身，而不是人才培养质量，未免给人以隔靴搔痒之感。因此，促进人的全面发展、适应社会需求是衡量大学人才培养质量的根本标准。因此，有学者提出以重视大学的本体价值追求为导向的理念创新，以变革大学的人才培养模式为关键的实践创新，以完善大学的质量体系为保障的评价创新，是实现大学人才培养质量标准的基本路径。近来人才培养模式发展为"政产学研合作"，将行业管理作为合作对象之一。这是当前甚至很长一段时期内，适应我国政府主导下产业发展实际的合作教育的一种选择。

借鉴美国的"常青藤"联盟、英国的罗素集团等成功典范，近年来，我国明显加大了高校联盟化合作教育的路径优化。事实上，这在九校联盟（中国 C9 联盟）、卓越大学联盟等得到验证。显然，不同层次的大学其人才培养的路径应有所不同。例如，对研究型大学来说，其人才培养质量标准要同创新型人才的培养目标相衔接，人才培养质量评价要将过程性评价与结果性评价相结合，重视结果性评价。笔者认为，毕业论文就是其中十分重要的具有结果性评价意义的质量标准之一，这也进一步彰显了本文的价值所在。

固然，广义的大学人才培养路径主要包括德能知行并重的人才培养实践目标，"淡化专业，拓宽口径"的人才培养实践思路，科学教育与人文教育互补的人才培养实践途径等方面。但至今关于人才培养的路径研究，依然较多地从课程体系、实践教学、基地建设、师资、教材等方面进行研究，缺乏重点性的专门路径研究，尤其是以毕业论文为核心和纽带的路径优化研究。近年来，毕业论文的影响因素及其质量提升路径研究得以深化和拓展。

在会展专业人才培养的路径研究方面，有学者以经管类本科学生为例，运用问卷调查等方法，分析了毕业论文现状与影响质量的关键因素，认为应完善培养方案中相关环节实施过程的设计，充分调动和组织各方资源，从态度、能力和制度上提升论文质量。而要提升本科毕业生的论文质量，必须加强专业培养、鼓励自主选题、提前毕业论文写作时间、增开学术论文写作课程、利用技术提高指导质量、完善论文奖罚制度等。但至今为止，本科毕业论文现状调查与分析的相关研究，多依托于师生的问卷调查，并以毕业论文的影响因素、现状分析、质量提升途径为主，较为浅显并限于就事论事，较少上升到人才培养质量及其路径创新的高度进行研究，未能体现毕业论文作为人才培养的重要环节而具有高度综合性的特征。近年来，有的大学试验将本科毕业论文（设计）工作与教师科研、大学生科研训练计划项目及各类学科竞赛相结合，引导学生参与科研活动的毕业论文（设计）教学新模式。但是，尽管本科生的思维活跃，但其科研方法和经验严重不足，因此，大面积推广这种模式显然不尽合理。相反，从论文的选题与毕业实习乃至于顶岗工作岗位要求的结合来看，开展政产学研合作等的毕业论文路径创新，是提高专业人才培养的有益探索。围绕毕业论文的校企合作指导与管理研究受到学者关注，呼吁学生兼顾科学的前沿性与企业管理工作实际需要合理选题。促使人们深入思考毕业论文对于专业人才培养作用及其路径创新。

二、毕业论文对会展专业人才培养价值的重新审视

（一）本科人才培养中毕业论文的作用

我国现行的《中华人民共和国学位条例》（2004 年修订，以下简称《条例》）对学士学位的考核有两条要求：一是较好地掌握本门学科的基础理论、专门知识和基本技能；二是具有从事科学研究工作或担负专门技术工作的初步能力。在此，毕业论文并非本科毕业生获得学位的强制性要求。但是《中华人民共和国学位条例暂行实施办法》规定，高等学校本科毕业生完成教学计划的各项要求，经审核准予毕业。其课程学习和毕业论文（毕业设计和其他毕业实践环节）的成绩表明确实已经比较好地掌握了本门课程的基础理论或专门知识和基本技能，并且有从事科学研究工作和负担专门技术工作的初步能力的，授予学士学位。2004 年教育部《关于要求加强普通高等学校毕业设计（论文）工作的通知》，重申毕业论文是实现培养目标的重要教学环节，要求进一步加强本科生毕业论文工作。

的确，毕业论文在培养大学生探求真理、强化社会意识、进行科学研究基本训练、提高综合实践能力与素质等方面，具有不可替代的作用，是教育与生产劳动和社会实践相结合的重要体现，是培养大学生的创新能力、实践能力和创业精神的重要实践环节。同时，毕业论文的质量也是衡量教学水平、学生毕业与学位资格认证的重要依据。

教学实践表明，较之于平时教学的作业练习、考试测验和课程大作业等，毕业论文的撰写是对教学效果较为全面的检阅，能够有效地考查学生运用理论知识分析和解决实际问题的能力。本科毕业论文在培养大学生探求真理、强化专业认知，增强科学研究基本训练，提高理论知识的贯通运用水平，加强综合实践能力和创新能力培养等方面发挥不可替代的作用。

毕业论文工作自身是一个系统工程。从选题、文献收集、研究方法设计、论文撰写到答辩是一个教与学相长的过程。其中，论文选题和文献收集阶段可以考查学生对专业知识的综合分析和判断推理方面的思维能力和研究能力；研究方法设计阶段能够培养学生运用综合知识分析和解决问题能力；而论文撰写能够培养学生的写作表达和科学严谨的思维；论文答辩能够培养学生运用多媒体、语言组织、现场演讲及应变能力。

（二）对毕业论文存废的争鸣

近年来，在高等教育大众化形势下，教学管理工作压力上行，不少高校放松了对于本科生毕业论文工作。甚至一些大学，面对硕士、博士研究生培养任务大的实际情况，出现对本科生毕业论文工作的很多变通式做法，例如，只要求优秀论文答辩，其余学生论文不答辩；利用刊物发表的论文替代毕业论文（设计）；等等。其重要根据是本科生教育是培养适应社会需求的大众化人才，不再是研究型人才，以培养学生研究能力为重要目的的毕业论文不符合时代需要了。同时，我国本科毕业论文质量整体下滑已成为教育界普遍认同的事实。论文指导不力、过程控制不严以及质量泡沫严重等问题仍在蔓延，本科毕业论文正经受着废除与续存的舆论煎熬。加之《中华人民共和国学位条例》并没有规定本科生一定要完成毕业论文。也就是说，本科生毕业时是否要求撰写毕业论文，高校拥有自主权，国家对此并无硬性要求。学生是否具备从事科学研究或担负专门技术工作能力，考核应多元化，完全依赖单一的毕业论文也有失偏颇，同时，本科毕业论文存在较多学术不端行为，国内外已有取消本科生毕业论文的先例以及我国综合性大学学生已具备相关能力和素质，且教师指导精力不足等。综合上述方面考虑，本科毕业论文的废除呼声日渐高涨。

（三）合作教育视野毕业论文价值的重新审视

优秀的毕业论文是学生、指导教师和管理机构等多方面共同努力的结果，是一项创造性的精神劳动结晶，是师生献给学校的一份宝贵精神财富。由于毕业论文期间，也正是大学生毕业实习、顶岗工作、备考研究生入学考试，特别是毕业求职的高峰时间，因而学生、家长和部分教师认为毕业论文工作成为了毕业求职等的干扰因素。但是，基于合作教育视野以及本校对毕业论文工作强化的实践，笔者认为，重新审视毕业论文价值十分关键，主要包括对毕业论文工作的意义认识和该项工作的科学定位。

首先，要有深刻的价值认同。充分认识到毕业论文是将学科知识理论与技能方法运用于解决实际问题的综合检验，重点是研究设计与研究方法的实践运用，也是大学生研究型素质养成的重要转折。这对于大学生走向社会，增强实践工作能力具有深远意义。

其次，对毕业论文要有清晰定位。毕业论文（设计）是一门高度综合的大课，是人才培养全面质量管理的关键一环。因此，毕业论文成为毕业求职的干扰因素的说法是十分短视的看法，恰恰相反，从研究素质养成和创新能力培养审视，毕业论文正是未来升学、职业发展甚至晋级的保障因素。此外，较之于科学发现，本科层次的毕业论文工作更重要的是科研思维过程的训练。不能因为本科生难以做到较大的科学发现，而放弃科研思维过程的训练。

三、本科毕业论文质量的社会影响因素分析：基于华南理工大学的调查

基于上述理论思考，本文旨在通过面向毕业生的问卷调查，获取第一手数据，揭示本科毕业论文的影响因素，发掘其中的社会因素，以探索会展专业人才培养合作教育的路径创新。

（一）问卷设计

问卷调查内容分为五大部分，包括调查对象概括、毕业论文的选题、

学生对毕业论文的撰写、导师对毕业论文的指导以及毕业论文的管理方面等。整个问卷共设置 31 个问项。其中，调查对象概括包括学生毕业时间、性别、就业范围、工作变动、当年是否获得推荐免试研究生的资格、当年是否参加研究生升学考试 6 个问项。毕业论文的选题主要考察论文的选题来源、选题类型、选题的深广度、毕业论文题目 4 个问项。学生对毕业论文的撰写相关问项有对自己毕业论文选题的兴趣、对毕业论文的态度、论文投入的撰写时间保障、论文篇幅、论文文献是否完成 10 篇以上中文文献阅读量、是否完成毕业论文要求的阅读 5 篇以上的专业外文资料、所翻译的外文内容是否与毕业论文有密切联系、对参考文献的要求、毕业论文最后的得分区间 9 个问项（见表 1）。

导师对毕业论文的指导主要有指导次数、指导老师的重视程度、老师的指导是否有针对性、你认为指导老师对你论文最大帮助、指导老师与你的联系情况 5 个问项。

毕业论文的管理方面包括你认为毕业论文最佳开始时间及理由、哪种措施有利于你的毕业论文完成、论文检测在毕业论文质量中作用评价、通过毕业论文，获得的最重要能力按重要程度进行排序、哪几门课程对写毕业论文有较大的帮助、通过毕业论文的写作，你对今后母校的课堂教学、专业实习、毕业实习等建议、你对学院毕业论文管理工作的其他建议 7 个问项。

表 1 调查问卷表的调查类别及问项内容

调查类别 ＼ 问项	具体问项	问项数量
调查对象概括	1. 学生毕业时间；2. 性别；3. 就业范围；4. 工作变动；5. 当年是否获得推荐免试研究生的资格；6. 当年是否参加研究生升学考试	6
毕业论文的选题	7. 选题来源；8. 选题类型；9. 选题的深广度；10. 毕业论文题目	4
学生对毕业论文的撰写	11. 对自己毕业论文选题的兴趣；12. 对毕业论文的态度；13. 论文投入的撰写时间保障；14. 论文篇幅；15. 论文文献是否完成 10 篇以上中文文献阅读量；16. 是否完成毕业论文要求的阅读 5 篇以上的专业外文资料；17. 所翻译的外文内容是否与毕业论文有密切联系；18. 对参考文献的要求；19. 毕业论文最后的得分区间	9

调查类别 \ 问项	具体问项	问项数量
导师对毕业论文的指导	20. 指导次数；21. 指导老师的重视程度；22. 老师的指导是否有针对性；23. 你认为指导老师对你论文最大帮助；24. 指导老师与你的联系情况	5
毕业论文的管理	25. 毕业论文最佳开始时间及理由；26. 哪种措施有利于你的毕业论文完成；27. 论文检测在毕业论文质量中作用评价；28. 通过毕业论文，获得的最重要能力按重要程度进行排序；29. 哪几门课程对写毕业论文有较大的帮助；30. 通过毕业论文的写作，你对今后母校的课堂教学、专业实习、毕业实习等建议；31. 你对学院毕业论文管理工作的其他建议	7

（二）调查方式

调查对象为近 5 年的全部华南理工大学会展专业的毕业学生，含 2016 届毕业生。利用问卷星辅助生成问卷及自动统计，并借助手机客户端，面向本专业建立的近 5 届校友微信群，共回收问卷 123 份，剔除明显不符合对象要求和质量要求的问卷，获得有效问卷 91 份，有效率达 73.98%。

（三）问卷调查的发现

（1）选题来源和选题类型。绝大多数选题来源为学生自选题目，占 61.54%，而实习单位或工作单位的实际问题仅占 1.10%（见图 1）。说明来自实践教学基地和行业实践问题导向的选题很少，进一步表明专业实习尤其是毕业实习在毕业论文选题过程中发挥的作用很小。尽管选题类型有较大比重的案例研究和调查研究，有半数左右的毕业生选择该选项，但多数毕业生并非围绕实践的选题而展开案例研究或调查研究，而是围绕自己熟悉的理论选题或其他自己容易调研的实际问题进行（见图 2）。

（2）对毕业论文的态度和论文投入的撰写时间保障方面。如图 3 所示，虽然有 85.71% 同学选择了"认真对待，高度重视论文写作"，然而，选择敷衍、不重视或能力不足的也高达 18.68%（该题允许多选，故统计超过 100%）。这在很大程度与毕业实习和工作单位提前的就业要求有关。与工作

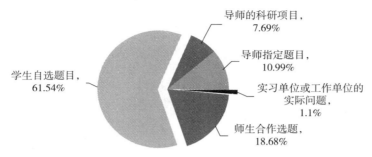

图1 毕业论文选题来源

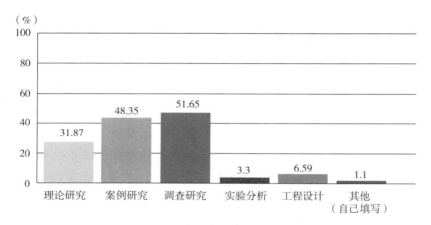

图2 毕业论文选题类型

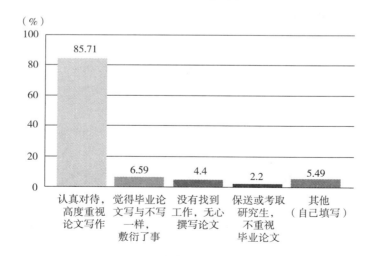

图3 对毕业论文态度

和毕业实习冲突的分别占 21.98%、8.79%（见图 4）。充分说明，大学与相关企业合作培养，协调实习与就业时间冲突至为关键。

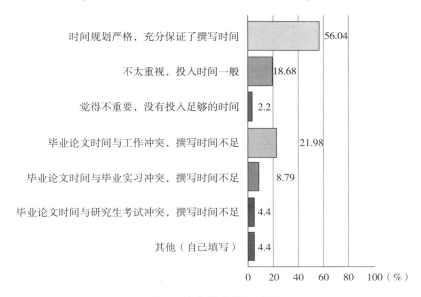

图 4　毕业论文投入时间

（3）教师指导及其帮助方面。23.08%毕业生认为导师指导的针对性一般及以下（见图 5）。而论文的指导帮助方面，主要是论文框架（56.04%）和研究方法（21.98%），选题方面的帮助仅占 12.08%（见图 6）。这一结果

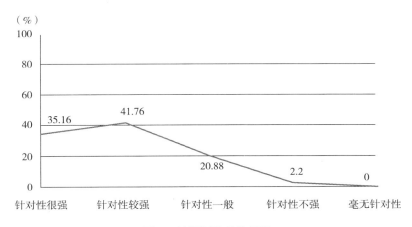

图 5　教师指导总体情况

与现有指导老师的结构有很大关系，因为现有的指导老师均是理论型的校内导师，没有外校实践型指导老师，而理论型导师擅长论文的框架和方法以及理论选题，因而实践方面的选题受到很大限制。这正是实践型导师的优势所在。

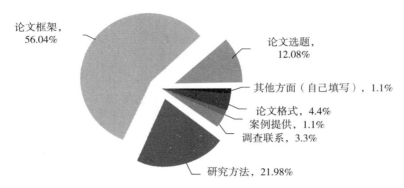

图 6 教师指导细项情况

（4）毕业论文最佳开始时间和毕业论文获得能力方面。毕业论文最佳开始时间以大三、大四之间的暑期开始和大四第一学期开始为最多，分别为 40.66%、45.05%（见图 7）。从选择大三、大四之间的暑期开始的理由看，多数为避免与找工作时间冲突、需要时间准备并调研、质量保障等。从毕业论文撰写所获得能力排序看，依次为分析综合能力、调研方案制定与实施能力、文献综述能力、数据处理能力等（见图 8）。

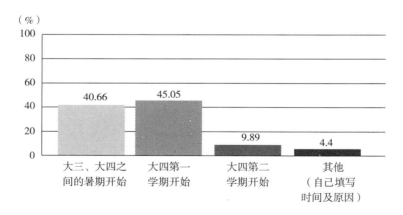

图 7 毕业论文最佳开始时间

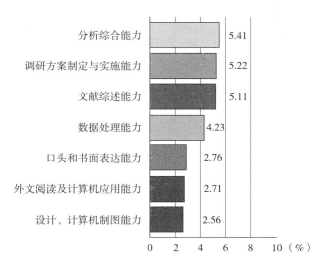

图8 毕业论文获得能力

（5）对学院毕业管理工作建议方面。较多的建议涉及毕业论文的选题、实习、就业与毕业论文的冲突，毕业论文的过程管理、学位论文的写作方法等。有毕业生认为"如何联系考研，实习，找工作，论文。是否能够指导各个方向的同学在最后都能找到切合各个同学状态的题目，应该是论文关键"，有的觉得需要"加强对论文工作的进度控制"，"合理安排论文写作进度"，强调"本科一般层次是应用研究，但应对学生给予基础研究方面的理论指导"，以及"多提供一些会展公司的实习机会，拿到一手的资料"，通过兴办"校内会展项目"，让学生经历全过程教育实践等。

（四）社会影响因素

本文特指的社会因素，是指除了师生自身以及学校和学院对毕业论文管理之外的其他因素，主要包括学习四年的实践教育、专业实习尤其是毕业实习等对毕业论文质量的影响因素。这些因素与教学实践基地、校外企业、行业协会乃至于政府行业管理部门有密切关系。

固然，影响毕业论文质量工作的因素很多，主要包括学生素质、重视程度和时间保障，指导老师的水平和工作量，以及学校学院对毕业论文的管理等。但是，影响毕业论文质量的社会因素也不容小觑。根据问卷的上述内容分析，影响毕业论文工作包括如下社会因素。

（1）毕业实习时间冲突。毕业实习对毕业论文质量的促进作用是显而易见的，但这是在合理安排的前提下来说的。华南理工大学会展专业的毕业实习曾安排在第七学期的秋交会，即 10 月 15 日至 11 月 4 日。此时正是毕业论文开题之际，本来学生开题之后应大量查阅文献，却因实习在岗，影响了文献的阅读以及与导师的交流。师生呼吁毕业论文工作与毕业实习在时间上的分离。

（2）求职准备与面试时间矛盾。毕业论文期间，正是人才招聘的高峰期。面对隔三差五的招聘机会，同时为了提高就业成功率，毕业生对就业单位广泛撒网，并不得不花费大量时间和精力制作简历、赶赴招聘现场，接受面试，这严重影响了本科毕业论文的集中思考与撰写。

（3）提前就业的窘境。有些单位发现人才后同意接受，同时为了不使得到手的人才被更好的单位抢走，或者由于工作岗位的急需，要求学生在校期间即开始顶岗实习，实质上是使毕业生提前进入工作状态。而当这些单位并非对口的专业单位，其工作岗位与毕业论文无关，毕业生即进入十分难熬的过渡期。他们需要承担毕业论文和工作的双重煎熬，无疑会深刻影响毕业论文投入的时间和精力。不少学生不得不白天工作晚上写论文，遇到晚上还需要加班的情况，就只得利用有限的周末时间草草撰写论文。

（4）实践基地数量不足。尽管华南理工大学选择了中国进出口商品交易会这样的大型国际化企业作为会展专业的专业实习和毕业实习基地，但是有限的专业基地，尤其是专业展教学基地的缺乏，也影响大学期间专业认知和专业实习广度和深度，进而影响毕业论文选题的多样化。

（5）校外导师的缺位。不仅使理论教学有脱离行业实践的危险，而且严重影响毕业论文的实践导向及价值。

此外，还有少数同学毕业设计（论文）撰写及其质量受到出国留学、考研深造等的时间冲突影响。

四、会展专业人才培养的路径创新——合作教育视角

毕业论文期也正是大学生毕业实习的时间，一些接受毕业生的单位甚至要求学生顶岗实习，这使得合作教育有着良好的时间前提和平台基础。问题的另一方面是，通过毕业论文调查，基于合作教育的视角，探索人才

培养的路径创新，完全可以贯通于课程设置、实践基地建设、创新教育等诸多环节乃至四年培养的全过程。

（一）实施校企合作教育，增强毕业论文选题的实践性

校企合作一直被认为是职业院校合作教育成功的最必要条件。但是对于毕业论文，尤其是高水平大学的毕业论文而言，校企合作教育具有更加具体的含义，其推动人才培养的路径，应做到形式和内容的创新。从形式来说，一方面，要依托企业的校外实践基地、校内校企合建的实践基地、实验室，深化平台建设，联办"协同创新研究院"、合作建立"专项研究工作站"等方式促进资源共享，借助这些基地和平台，积极开展课程见习、专业实习和毕业实习，紧密围绕企业的关键问题，颁布选题题库，企业投入一定的调研经费，开展合作研究和有偿研究，拓宽毕业论文选题视野和针对性，激发学生研究动机和兴趣；另一方面，建立本科生全程培养的校外导师制、企业参与课堂教学尤其是参与实践教学环节（类似华南理工大学经济与贸易学院实施的"课堂会客厅"）、毕业论文的双导师制，以此增强毕业论文指导的有效性和实践性，提高毕业论文的实践价值。

从内容来说，校企合作教育体现在毕业论文教学上，应创新论文选题（主题）与研究方法。让论文选题更多地融入企业发展现实，更多具有问题导向，同时保持理论的前沿性。在研究方法上，倾向于多学科多方法的综合研究，充分发挥校内外双导师的理论与实践交叉优势。这都需要校企双方的合作互动。

（二）开展校会合作教育，为毕业论文提供更多调研平台

这里所说的"会"是指行业协会。开展大学与行业协会的合作教育，不仅同样可以为会展专业大学生获得更多的论文选题机会，而且可以为本科生毕业论文搭建更多的调研平台，保证其优选调查对象，丰富其数据来源，进而提高毕业论文成果的质量。

开展校会合作教育，完全可以融入平时的课程教学和实践教学之中。课程教学中强化对区域性会展行业形势和发展的关注；实践教育中，借助协会帮助，推进与会展企业的联系，协助协会开展相关的专项调查，例如，专项市场调查、会展人才调查、会展信息化调查等。在此方面，华南理工大学会展专业一直以来均与广州市会展行业协会保持频繁互动，其会长受

聘为华南理工大学会展专业顾问委员会主任委员，多次亲临学校指导专业建设和人才培养，积极推动专业内涵式发展。校会合作不应拘泥于当地的行业协会，与要逐步拓展至其他的相关省区行业协会，尤其是泛珠三角地区省区行业协会。今后将采取合作举办学术论坛、专业竞赛，合作申报各级科研项目，拓展合作教育的深度和广度。

（三）进行政校合作教育，推动各省区会展产业政策研究

目前政产学研合作很大程度上是单向的，即企业结合研究机构或者学校，由企业出资、高校和研究机构为其服务，其产出的创新成果全归企业所得，并没有很好地形成一体化的理念。因此，进行政校合作教育必须建立资源共享、中介协调、利益公平的驱动机制，其中中介机构的协调和监督作用，完善的知识产权制度至为关键。

鉴于会展专业的实践性和项目型特征，同时政府行业主管部门也有专业人才培养的使命，因此，建议各省市区行业管理部门着眼产学研长远合作，充分发挥对产业的持续发展的支撑作用，尽快采取市场化运作模式，建立会展产学研战略联盟平台，制定明确的政产学研合作法规、政策和财政支持，引导和鼓励毕业生参与面向会展产业政策研究、市场规范研究、法制法规研究等相关调查与研究，选题开展毕业论文研究，大力推动人才培养的合作教育，在此过程中，增强政校合作的持续动力和多赢效应。

（四）搭建校内会展项目平台，创新合作教育模式

长期以来，大学会展专业的实践教育过于依靠校外实践基地，缺乏校内实践教学平台建设。近年来，华南理工大学会展专业大力拓展大学生实践教育空间，依托会展项目策划、会展项目管理、会展运营与服务管理等课程大作业，策划校内会展项目，将采取"学校扶持，企业赞助，师生研发，市场运作"的良性循环模式，创新合作教育模式，企业赞助包括会展物资、搭建技术指导等，成立校企专项会展实践教学管理机构，联合开发市场，拟按照现代企业制度，由学生自己选择成立相关管理部门，明确各部门职责，建立学生自主创新的校内实践基地，对接会展专业的相关课程见习、专业实习和毕业实习等实践教学环节，与校外实践教学基地形成内外呼应，降低实践教学成本，增加实践教学机会，探索合作教育新模式。

目前，搭建校内会展项目平台的策划设计工作基本完成，拟从 2016 级

会展专业学生开始，配合全新人才培养方案正式实施。促进学生的全面素质发展，增强其适应社会需求能力，也为就业提供广阔的行业视野。

（五）毕业论文管理流程创新，增强会展专业人才培养的"双创"素质

从此次毕业论文调查结果看，毕业论文质量"两头不靠"的现象突出。一是脱离行业实践问题严重，二是理论性偏弱。究其原因，一是大学生的会展实践教学不足，二是基本理论和方法基础不够，尤其是理论与方法对实践问题的呼应严重不足。而要从根本上解决这些问题，亟须创新毕业论文的管理流程，实施流程再造，不断优化毕业论文管理工作。

在毕业论文开始时间上，采取大三、大四之间暑期启动和第7学期启动的双模式，由学生自由选择开始时间，适应学生毕业实习需要，规避研究生考试、找工作等矛盾，确保论文撰写的专门时间，提高论文质量。

鼓励学生充分利用毕业实习或校内会展项目实践乃至往届同学创业等机会，进一步加强毕业论文的创新创业导向，打通会展专业人才培养的"双创"轨道，让毕业论文在强化问题意识和实践价值的同时，增强论文的多学科的理论依据和方法支撑。

五、结论

毕业论文是会展专业本科人才培养质量保障的重要工程，对于大学生科研思维的训练乃至走向社会，增强实践工作的科学指导性具有深远意义。

调查研究发现，会展专业大学生毕业论文质量深受毕业实习时间冲突、求职准备与面试时间矛盾、提前就业压力、实践基地数量不足以及校外导师缺位等社会因素的影响。为此，着眼合作教育，今后会展专业的人才培养应通过校企合作，增强毕业论文选题的实践性，提高论文的实践价值；借助大学与行业协会的合作教育，为毕业论文提供更多调研平台，增进毕业论文的数据来源；引导和鼓励毕业生参与面向会展产业政策研究，推动人才培养的合作教育，增强政校合作的持续动力和多赢效应；采取"学校扶持、企业赞助、师生研发、市场运作"的良性循环模式，搭建校内会展项目平台，创新合作教育模式；实施毕业论文管理流程再造，采用提前轨与普通轨的"双轨"并行，自由选择措施，致力会展专业人才培养的"双

创"能力发展。

毕业论文既是一门高度综合的大课，更是合作教育的重要契入点，蕴含合作教育的巨大空间。围绕毕业论文质量和成果，大学会展专业、会展企业、行业协会和行业主管部门，应该多携手合作，共同培养更多更好的专业人才，共同推动会展产业的壮大与发展。

参考文献

[1] 曾蔚，游达明，刘爱东."产学研合作教育"培养学生创新能力的探索与实践——以C大学为例 [J].大学教育科学，2012（5）：63-70.

[2] 李伟铭，黎春燕.产学研合作模式下的高校创新人才培养机制研究 [J].现代教育管理，2011（5）：102-105.

[3] 钱素平.新建本科院校合作教育与人才培养模式探析 [J].高教研究与评估，2009（5）：91-93.

[4] 任志涛，王建廷，张睿.应用型人才培养的产学研一体化路径构建 [J].大学教育，2014（5）：18-19.

[5] 刘学忠，余宏亮.论大学人才培养的质量标准及其实现路径 [J].中国高教研究，2014（4）：83-88.

[6] 张海清.政产学研结合的高校学生评价机制研究——实习单位的评价与指标体系构建 [C].第三届教学管理与课程建设学术会议论文集，2012（8）：223-228.

[7] 黎菲.构建会展业政产学研联盟机制 [J].浙江经济，2013（4）：44-45.

[8] 夏东民.联盟化：中国高等教育优化发展之路径选择 [N].光明日报，2010-11-07（7）.

[9] 洪银兴.研究型大学人才培养的标准与路径 [N].江苏教育报，2009-04-13（5）.

[10] 黄水林.大学人才培养路径的思考 [J].江苏高教，2012（6）：98-99.

[11] 张俐俐，庞华.研究型大学会展专业人才的培养模式 [J].旅游科学，2008，22（3）：55-58.

[12] 许志才.高素质应用型人才培养路径研究 [J].国家教育行政学院学报，2010（6）：63-66.

[13] 金颖，葛军.经管类本科毕业论文现状调查与质量提升路径 [J].会计之友，2013（3）：115-117.

[14] 张春珍，黄映玲.本科毕业论文写作现状调查及提升路径——以韩山师范学院为例 [J].韩山师范学院学报，2012，33（4）：104-108.

[15] 蒋惠凤.本科毕业论文质量影响因素的调查与分析 [J].中国电力教育，

2014（2）：201-204.

[16] 李秀梅，赵强. 关于本科毕业论文的调查与分析——以济南大学某学院为例 [J]. 高教研究与实践，2013，32（4）：29-31.

[17] 诸培新，代伟. 高教大众化下毕业论文质量提升研究——基于指导教师与毕业生问卷调查的分析 [J]. 高等农业教育，2010（7）：79-82.

[18] 李烨，李坤权. 研究型大学毕业论文（设计）新模式的探讨与实践 [J]. 高教学刊，2016（9）：84-85.

[19] 余红剑，邹铃. 管理类专业本科生毕业论文校企合作指导与管理研究——基于创新精神与实践能力培养的视角 [J]. 林区教学，2014（9）：1-5.

[20] 彭江，陆娜. 毕业论文应超越"存废之争" [J]. 教育与职业，2010（1）：40-43.

[21] 晏扬. 取消本科毕业论文的合理因素不应被忽视 [N]. 中国青年报，2004-04-02（6）.

[22] 时伟. 大学本科毕业论文的弃与存 [J]. 中国高等教育，2010（7）：45-47.

[23] 饶家辉，张乃生. 综合性大学取消本科毕业论文辨析 [J]. 高校教育管理，2014，8（3）：100-104.

[24] 贺根民. 关于提高本科生毕业论文（设计）质量的探索 [J]. 钦州学院学报，2009，24（12）：69-72.

[25] 赵媛. 武宇琼. 毕业实习对毕业论文质量的促进作用 [J]. 管理工程师，2015（4）：76-78.

[26] 田秀萍，陈玉阁. 探索校企合一的集团化办学模式 [J]. 中国高等教育，2008（6）：47-48.

[27] 孙志锋，陈萍，郑亚红. 我国政产学研一体化的现状及问题研究 [J]. 技术经济与管理研究，2013（7）：53-58.

论创新创业型会展人才培养*

王佩良　蔡梅良

（湖南商学院会展经济与管理系，长沙　410205）

[摘　要] 在大众创新、万众创业时代，高校会展专业必须实施创新创业教育，培养理论基础扎实、综合能力强、人文素质好、创新思维敏捷的创新型会展人才。这就需要建立创新型师资队伍，优化人才培养方案，建立科学考核评价机制，开展项目驱动型实践教学；同时，整合政府与行业资源，加强校企互动，成立多种产学研协同创新平台。湖南商学院会展专业探索"⊥"式会展实践项目开发模式，策划举办多项大型会展实践活动，培养创新创业型人才。

[关键词] 会展专业；创新创业型人才；实践教学项目开发

2016 年 3 月 5 日，李克强总理在《政府工作报告》中强调，打造大众创业、万众创新和增加公共产品、公共服务是推动中国经济提质增效升级的"双引擎"，对高校创新创业教育提出新的要求，高校会展专业也必须培养创新型创业人才。

---

　*　基金项目：湖南省教育科学"十二五"规划课题"湖南高校会展专业大学生就业能力培育研究"（湘教科规划〔2014〕001 号 XJK014BJC009）、湖南省社科院省情咨询与决策项目"湖南省武陵山片区节事旅游扶贫开发研究（2013BZZ64）"、湖南省高校信息化教学应用项目"湖湘文化名师空间课堂"（湘教科研通〔2016〕28 号）。

　作者简介：王佩良（1972—　），男，湖南双峰人，湖南商学院旅游管理学院会展经济与管理系主任，教授，博士，硕士研究生导师，主要研究会展旅游管理；蔡梅良（1964—　），女，湖南益阳人，湖南商学院旅游管理学院会展经济与管理系教授，硕士研究生导师。

一、创新创业教育发展历程

创新创业教育既是当今全球高等教育改革发展趋势，也是知识经济浪潮对高等教育的客观要求。创业教育始于美国，1947 年哈佛大学开设《创新企业管理》。我国高校创业教育始于 1997 年，清华大学举办首届创业计划大赛。中共十七大报告提出"提高自主创新能力，建设创新型国家""实施扩大就业的发展战略，促进以创业带动就业"两大战略目标。2014 年，李克强总理在夏季达沃斯论坛首倡"大众创业""草根创业"。创新创业成为社会经济新的增长点和企业发展的内驱力。创新的时代呼唤创新教育，大学的功能也从知识汇聚之所发展成为新知创造之地，乃至成为社会发展的助推器。创新是大学的灵魂，创业是大学的社会责任。湖南商学院会展经济与管理专业因时而动，顺势而为，积极探索创新创业型会展人才培养模式，成效显著。

二、创新创业型会展人才特征

创新创业人才是指以学科教育为基座，以良好的通识基础、综合素质、专业适应性为塔身，以富有创新精神和创业能力为塔尖，能适合未来发展要求的高素质专门人才。其综合素养和能力主要表现在以下四个方面：

（1）理论基础扎实。在知识结构上，创新创业型人才既要掌握本专业最新研究成果和发展趋势，又要了解相邻学科知识，具备较好的科学人文素养和相关财务、管理、社交能力，要求基础扎实，发展后劲足，专业知识完整、系统。只有具备广博的基础理论知识，才能更好地将其付诸实践。在会展专业教育过程中，应依托管理学、经济学等基础学科，设置管理学、市场营销学、公共关系学、社会学、经济学、广告学等基础核心理论课程，使会展专业学生理论基础扎实，成为厚积薄发的通才。

（2）综合能力强。创新创业型人才比一般的应用人才知识面更广、视野更宽，具备更强的实践、创新和创业能力。实践能力指善于发现问题和解决问题，创新能力是指综合运用已有知识，创造性地提出新发现、新发明和新方案。创业能力包括把握商机、计划决策、创建团队、市场营销、经营管理、财务管理、风险管理等能力。这些综合能力的培养涉及具体操作，教学难度大，也是大学教育的薄弱环节，评价困难，亟须加强。

（3）具有创新思维。创新是创业活动的启明星。在创业活动中，需要创新思维，不断想出新办法，解决各种新问题。马斯洛曾提出培养"一种崭新的人"，"他能随遇而安，能以变化为乐，能即席创造，能满怀自信、力量和勇气去对付他毫无思想准备时而面临的情境"。这种创造性渗透于人的整个生活中，成为一种人格或品质。会展专业应加强对学生创新意识和创新思维的培育，激发其创业能动性，对创业有着冲动与激情，百折不挠，直至成功。

（4）综合素质好。除具备健全人格和良好心理素质外，创新创业型人才还须具备良好的智商和情商。在创业过程中，知识和技能的运用与个人心理素质、道德品质等非专业方面的素质密切相关；创新创业型应用人才必须具备基本的职业道德情操，还要具备实事求是的态度、批判精神、顽强意志、进取心、责任感、团队合作、创新思维、求知欲、战略眼光和大局观念等。

三、创新创业型会展人才培养途径

（1）建立创新创业型师资队伍。在创新创业教育背景下，会展专业教师既要专业理论扎实，还应专业实践能力强，专职、兼职教师结合，理论教师与业界精英互动，一方面派遣会展专业教师到行业管理部门、会展企业挂职锻炼，参与会展项目的策划、组织与运作，增加会展实践教学能力；另一方面聘请政府会展部门、会展专业协会、参展企业、展览公司、展览场馆专家任兼职教师。

（2）优化人才培养方案，创新课程体系。会展专业课程体系构建，以培养社会需求的人才为出发点，坚持理论与实践双轮驱动，优化创新创业课程体系。一是在通识教育课程中融入与创新创业相关的思想道德与心理品质的课程，培养学生的理想、抱负、事业心、奋斗精神等思想品质以及悟性、洞察力、意志、毅力、兴趣、爱好、自信、承受力等心理素质。二是将与创新创业有关的知识和课程融入"电子商务""市场营销""传播学"等专业基础课程。三是开设"会展策划""会展项目管理""会展运营管理""客户关系管理""企业参展实务""会展场馆管理"等实操性强的会展专业课程，重点培养学生创新策划能力。四是将创业案例融入职业岗位技能课程，展示创业成功者的经历、方法及精神，使创业教育直观生动，具有启迪作用。

（3）建立项目驱动机制，推进实践教学。实践教学是大学教育改革的难点。会展专业课程可采取项目驱动模式，将整个教学过程建立在项目上，突出会展理论与实践的对接度，强调会展专业教学的实务性。在教学中融入项目策划、参与、运作等环节，充分实现与理论课程的对接；除理论传授外，积极推进实践教育改革，开辟第二课堂和第三课堂，指导学生在课余及寒暑假投入更多时间和精力开展专业实践活动。会展实践项目需经历策划、执行、总结三个阶段。首先是项目进课堂，学生组成团队参与项目策划；其次是学生参与现场管理；最后是项目回到课堂，学生参与总结。

（4）深化教学考核改革，建立科学评价机制。创新创业教育主要有两方面：一方面是理论教育，包括知识、方法、素质等提升；另一方面是实践教育，包括能力、技能等训练。改革课程考核方式除笔试外，可采取口试、答辩、现场测试、作品展示、策划方案和现场实践等多种形式，着重考核学生综合运用所学知识解决实际问题的能力。增加综合性技能考核，提高学生基本实践能力、操作技能和专业技术应用能力。在互联网时代，可指导学生围绕课程特点自主选题，在网上收集素材，制作图文并茂的创意课件，撰写创意项目策划书，师生相互点评，积累大量教学资源，达到师生共建课程的效果。

四、创新创业型会展人才培养举措

（1）整合政府资源，开展协同创新。一是积极承担政府研究课题。会展业快速发展，面对新形势和新问题，政府需要高校学者提供理论支持和解决方案。课题研究是政府和高校互动的重要形式。高校教师承担横向课题，既为政府管理部门和企业排忧解难，也提升自身专业研究水平，加深对会展行业的了解，为会展教学积累生动案例。以课题为纽带，高校和政府交流频繁，为双方深度合作奠定基础。二是承担政府会展项目。高校与政府合作时，可采用"要资助更要项目"的策略。资金支持只是一两次，不可能长久持续。如果能不断获得政府的会展项目，就能有效改善高校会展教育生态，实际上也获得了经费支持。通过承担政府的会展项目，教师将最新的行业资讯带入课堂，使课堂更加鲜活生动。湖南商学院会展经济与管理系承担湖南省商务厅委托的《湖南会展产业发展规划（2013～2020）》，并与湖南省商务厅服务贸易处合作编撰《湖南会展周讯》，向全省会展企业及相关部门推送，有效扩大会展专业影响。

（2）加强校企互动，打造校企合作共同体。一是与会展行业协会合作。会展协会是会展企业聚合体，举办许多会展项目，需要大量会展人才。高校大学生需要实习机会，对专业实践充满热情，是很好的人力资源。但高校和企业常常信息不对称，两者可构建互动机制，有效实现实习需求对接。高校可在会展企业建立实习基地，并将其建成集学生实习、教师培训和学生就业为一体的综合平台。二是建立校企互访制度，加强交流和合作。结合会展企业岗位需求，共同制订教学计划，安排教学内容。高校邀请业界精英参与学校人才培养质量的评价工作，对学生就业和发展状况跟踪调查，对教学质量做出客观评价。三是聘请会展企业精英为高校客座教授。高校会展专业大多成立不久，师资力量弱，不仅人数少，而且行业实战经验欠缺，需要通过"练内功、请进来、走出去"方式加强师资团队建设。"请进来"即请行业精英进入校园，请他们培训专任教师，举办专题讲座，承担教学任务，指导学生实习，与高校教师合作开展学术研究，指导专业建设。近年来，湖南华旅集团董事长袁朝平及其团队积极参与"会展策划""会展项目管理""会展运营管理""会展系列专题讲座"等课程，结合实际案例讲授其创业的经验与教训，师生获益匪浅。四是构建会展专业创业孵化平台。台北科技大学校长李祖添曾指出："创新能力的培养有助于创业成功。学校要激发学生们敢做梦的想法，大学是未来企业家的摇篮，培养学生的创新能力，最好的方式是让他们直接接触创业过程，而不是教育。"鼓励学生成立创业公司，让学生参与其中，重点不在于盈利，而在于体验创业过程，明白运营公司之风险，组建团队之重要，企业家成功之艰难。通过创业实践，可增强学生团队合作精神以及组织协调、心理承受和社会适应等能力，真正成为社会需求的创新创业人才。

（3）成立多种产学研协同创新平台。湖南商学院会展经济与管理系筹划设立湖南会展新秀奖，成立湖南省会展教育联合会，举办湖南大学生会展文化节暨会展项目创新大赛，成立湖南会展经济研究所，编撰《湖南会展项目案例集》，并成立湖南省伏羲文化研究会。伏羲是中华人文始祖，湖南境内的伏羲文化遗存丰富，历史悠久。怀化高庙遗址出土约7800年前的八角星图案，是迄今为止考古发现最早的八卦原始符号。古文献记载"伏羲葬南郡"，南郡即今湖南省平江县南江桥镇，幕阜山古称天岳，民间称"墓伏山"，即墓葬伏羲之山。2015 年 12 月，会展专业与湖南省考古研究所合作，发起成立湖南省伏羲文化研究会，组建 66 位考古、民俗、旅游、文化学专家团队，高效整合校内外教育教学资源，有利于人才培养、学术研究、文明传承、服务地方经济发展。

五、"⊥"式会展创意项目开发模式卓有成效

各校办学背景、条件和定位不同，实践教学各具特色。有的组织大规模游学活动，开阔学生视野；有的成立校内会展中心，开展工学交替教学活动；有的结合当地展会活动，组织学生停课实习，以此代替课堂教学；有的学校尚在摸索当中，仍未找有效方式。低年级学生到会展企业和场馆当志愿者，开展认知实习很有必要，但高年级学生对志愿者活动积极性不高；大规模外出游学，学校领导和老师压力大，学生和家长也有阻力。此外，学校办学经费紧张，希望营造良好校园环境，保卫处对校园活动管控严格。会展系摸索出"⊥"式专业实践项目开发模式，所做项目既要投入少、成本低，又要效果好、影响大。这就需要师生深入调研，全面考虑该项目为何要做？为谁而做？经费从哪里来？要达到什么效果？有哪些风险？项目要"顶天立地"，既要立意高远，有意义，"高大上"又能依托校园既有资源和条件容易实现，接地气，并能吸引媒体关注报道，产生广泛社会影响。这样的实践项目不是为了做而做，而是为了在做中学，既强调结果，更强调过程，师生在参与中获得体验与成长。在互联网时代，实践教学活动要追求眼球效应；师生的时间和精力都非常宝贵，不能虚耗在无益的活动上。近年来，湖南商学院会展专业策划并举办系列会展创新项目，成效显著，媒体争相报道。

（1）举办校园大学生用品展，高效整合校内外两种实践教学资源，学生全面成长，获益匪浅，形成实战型实践教学模式，具有推广价值。

（2）举办纪念辛亥革命一百周年系列活动。辛亥革命是世界资产阶级革命在东方的最高峰。湖南是辛亥革命的重要发源地。2011 年时值辛亥革命一百周年，会展经济与管理系策划举行纪念辛亥革命一百周年系列活动，包括"征文抒发爱国情""图片展览忆往昔""学生签名藏展馆""名师解读辛亥事""百人岳麓英烈祭""辛亥名人故居游"六项活动。

（3）举办长沙橘子洲海洋文化节文创策划大赛。海洋产业是 21 世纪的朝阳产业，经略大海是国家战略，宣传推广海洋文化，提高民众海权意识，具有重要意义。2014 年，会展经济与管理系与长沙某公司合作举办长沙橘子洲中部海洋文化节创意策划大赛。经前期酝酿、组织、筹划、动员、指导，170 余名学生提交创意作品，经预选、初赛、半决赛和总决赛，优秀选手脱颖而出。通过比赛，学生增强综合素养和能力，开阔视野；企业获得很多良好创意，储备大量优秀人才，有效提升知名度和美誉度。

（4）名家大师抗战书画作品文创开发大赛。湖南是抗日战争主战场，坚持时间长，参与人数多，付出牺牲大，做出贡献巨，发生过常德会战、长沙会战、衡阳会战、雪峰山会战、文夕大火、厂窖惨案、芷江受降、南岳忠烈祭等重大历史事件，留下大量抗战题材的书画作品，其中不乏名家之作。会展经济与管理系与湖南某收藏公司合作，共同举办名家大师书画作品展暨文创开发策划大赛。经过两个月的酝酿、组织、发动和推进，通过初赛、半决赛和决赛，5 支团队获得大奖，有效激发学生的学习和创新热情。

（5）在橘子洲头毛泽东雕像前拍摄励志毕业照。拍摄纪念照是大学生毕业时必不可少的项目，这也是向毕业生进行人生理想信念教育的契机，如果能在具有纪念意义的特殊地点拍摄个性化创意毕业照，并组织毕业宣誓，这不仅是思政教育和专业教育的改革创新，也会产生持久而深刻的教育效果。一百年前，毛泽东在长沙求学，树立改造中国与世界的远大理想，投身革命洪流，建立不朽功业，成为世纪伟人。橘子洲头毛泽东巨型雕像是长沙最醒目的地标，无疑是拍摄励志毕业照最理想的场景。2015 年 5 月 28 日，会展经济与管理系师生在毛泽东雕像前取景拍照，庄严宣读"会展湘军誓言"，这是同学们终生难忘的经历，也是激励他们奋勇前进的不竭动力。

（6）举办谢冰莹生平图片展。每到女生节，各高校常有"某某某是我心中的女神"之类的"条幅大战"或"标语大战"。女生节活动如何创新才更有品位呢？会展经济与管理系师生经反复讨论，决定举办谢冰莹生平图片展。谢冰莹是湖南新化人，早年以《从军日记》轰动文坛，法国大作家罗曼·罗兰称赞她是"努力奋斗的新女性"。她一生充满传奇，曾三次逃婚，是中国现代新女性领航人；她早年成名于大陆，中年任教于中国台湾，晚年侨居美国，具有世界声誉和影响力，是梅山文化哺育的一朵奇花。2016

年女生节，会展经济与管理系举办现代新女性领航人谢冰莹生平图片展，师生将 20 余张谢冰莹生平写真在操场上平铺成"女生"二字，通过抽奖互动，引导学生在图片中寻找答案，深度了解谢冰莹。从参与课堂讨论到具体实施本次活动，学生对会展的内涵和外延有了更深刻理解，对于会展怎么做、怎么选题，什么时间该做什么事情，如何植入营销等有了深入体会。

参考文献

［1］毛国涛. 关于创新创业人才培养模式的研究［J］. 党史文苑，2010（6）：75.

［2］张健康，黄彬. 会展特色专业建设理念、实践与探索［M］. 杭州：浙江大学出版社，2011：87，105.

技术路线图全程规划方法在制定会展专业人才培养方案的应用*

张成科

（广东工业大学经济与贸易学院，广州　510520）

[摘　要] 如何根据新时代中国特色社会主义对人才培养的新要求，系统性地制定专业人才培养方案，培养具有自主创业意识和开拓创新能力的高素质应用型人才，是现代中国大学的新任务。技术路线图全程规划方法是有效的工具，本文探索将其应用到会展经济与管理专业（以下简称会展专业）人才培养方案的制定过程当中，结合广东工业大学的改革实践，阐述了使用技术路线图的必要性，对如何利用技术路线图于人才培养方案的路径进行了探讨。

[关键词] 技术路线图；教学模式；人才培养方案；会展经济与管理专业

2018 年 8 月 27 日中华人民共和国教育部发文《教育部关于狠抓新时代全国高等学校本科教育工作会议精神落实的通知》（教高函〔2018〕8 号）明确指出，各个高校要结合办学实际修订本科人才培养方案，切实把本科教育工作会议的精神、要求落实到学校人才培养各项工作、各个环节中。为贯彻落实教育部文件精神，本文拟使用一种新型的战略规划、实践管理工具，即"技术路线图"，并紧密结合中国特色社会主义新时代背景下广东经济社会发展现状和未来发展趋势以及学校长期办学积淀的特色，围绕广东工业大学经济与贸易学院的会展经济与管理本科专业人才培养模式、教学模式以及全面教学质量的提高，探究进行全面改革与实践的可能路径和有效举措。

---

* 作者简介：张成科（1964—　），男，广西钟山人，广东工业大学经济与贸易学院院长，教授，主要研究方向为博弈论和信息经济学。

一、在人才培养方案制定中使用技术路线图全程规划方法的必要性

所谓"技术路线图"，作为一种新型的战略规划、实践管理工具，反映了对某一领域前景的看法，以及实现这个前景的方法。这种方法被广泛应用于国家、行业和公司等多个层面，如"产业技术路线图"，则是指以"市场拉动"为动因，从现在指向未来，帮助行业、公司或研发机构识别、选择和开发正确的技术，使之在未来的市场中有恰当的产品。本文认为，利用"技术路线图"这一战略规划与管理实践工具来探讨应用型人才培养方案的制定，就是"以适应新时代中国特色社会主义社会经济各个方面全面转型升级背景下的人才需求为动因，以学生为主体，以提高其实践能力及未来的就业竞争力为目标，帮助高等学校识别、选择正确的人才培养模式，明确实现这一目标的各个关键节点质量标准以及实现目标的具体路径"。应用型人才培养新模式的创建和运行，需要人才培养的全程规划管理介入，才能构建系统的运行管理、绩效评价和规制设计。结合我们在广东工业大学 2016 版人才培养方案制定、完善过程中的经验，我们已经发现，理论课时的压缩和实习实训课时的迅速增加、培养模式的创新和教学模式多元、课程安排弹性等已构成经济与贸易学院新培养方案的鲜明特征，但继之而来的运行、监控和绩效管理等问题会日益突出。因此，采用"技术路线图"这一战略规划管理工具，我们可以将改革实践的过程用明晰易懂的图示方式明确表达出来，探索实现教学质量监控管理的"看板式管理"模式（这一模式在企业管理中是行之有效的）。目前，已经有学者进行了有益的探索，刘春敬等（2017）对环境科学专业人才培养路线图修订进行了探讨；孙志颖等（2015）探究了基于"实践能力培养路线图"的本科专业改革；王志刚等（2013）利用技术路线图方法分析了大学生就业能力提升的路径；刘晓东等（2012）基于技术路线图的方法研究了"地方农业院校统计学专业实践教学改革技术路线图"。这些学者的成果表明，应用技术路线图方法对应用型人才培养模式进行全程规划和监控管理是必要的也是可行的。

在本文中，我们将使用技术路线图方法，结合广东工业大学经济与贸易学院的"会展经济与管理"本科专业（以下简称会展专业）人才培养方

案的改革研究与实践，就是希望总结学者们对人才培养方案制定的有益经验，在 2016 版修订的专业教学计划基础上，对会展专业的人才培养方案特色、课程体系、学时安排从整个学院的宏观视角、用"技术路线图"的方法进行科学论证，完善课程内容知识体系和促进教学模式创新，并探索出适应新形势要求的教学全过程监控和管理的"看板式教学全程管理"模式。为地方工科院校的本科人才培养提供参考借鉴。

二、在人才培养方案制定中使用技术路线图全程规划方法的路径

第一，按照技术路线图基本结构分析法对会展专业人才培养方案以及方案实施过程的各个节点进行逐一分解、明确节点问题的界限。其结构方法示意如图 1 所示。

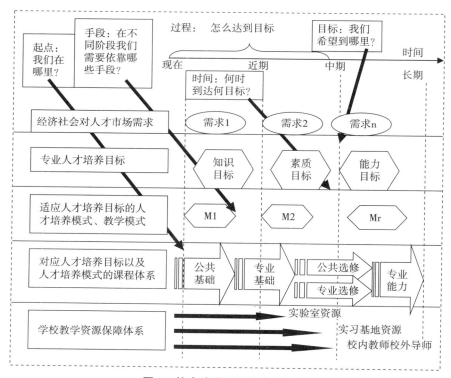

图 1 技术路线图结构分析方法

第二，按照技术路线图制定具体实施方案，我们结合广东社会经济以及学校情况，形成的技术路线图方法的实施方案如图 2 所示。

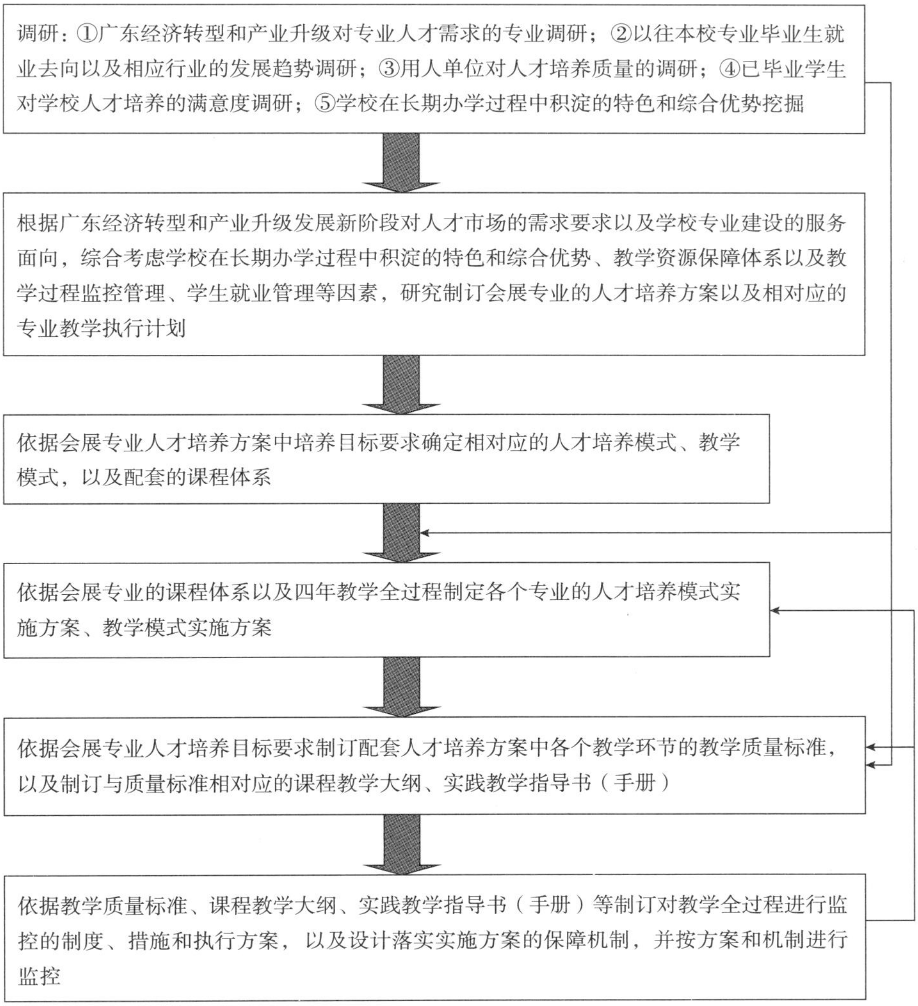

调研：①广东经济转型和产业升级对专业人才需求的专业调研；②以往本校专业毕业生就业去向以及相应行业的发展趋势调研；③用人单位对人才培养质量的调研；④已毕业学生对学校人才培养的满意度调研；⑤学校在长期办学过程中积淀的特色和综合优势挖掘

根据广东经济转型和产业升级发展新阶段对人才市场的需求要求以及学校专业建设的服务面向，综合考虑学校在长期办学过程中积淀的特色和综合优势、教学资源保障体系以及教学过程监控管理、学生就业管理等因素，研究制订会展专业的人才培养方案以及相对应的专业教学执行计划

依据会展专业人才培养方案中培养目标要求确定相对应的人才培养模式、教学模式，以及配套的课程体系

依据会展专业的课程体系以及四年教学全过程制定各个专业的人才培养模式实施方案、教学模式实施方案

依据会展专业人才培养目标要求制订配套人才培养方案中各个教学环节的教学质量标准，以及制订与质量标准相对应的课程教学大纲、实践教学指导书（手册）

依据教学质量标准、课程教学大纲、实践教学指导书（手册）等制订对教学全过程进行监控的制度、措施和执行方案，以及设计落实实施方案的保障机制，并按方案和机制进行监控

图 2   按照技术路线图制定的实施方案

第三，依据各个节点的质量标准以及课程教学大纲、实验课程指导书和实习实训指导手册等制定教学全过程监控机制和监控实施方案，进行教学全过程跟踪监控，如图 3 所示。

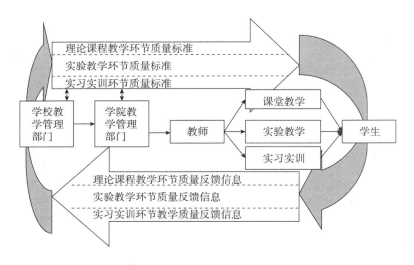

图3　依据技术路线图制定教学全过程监控机制和监控实施方案

三、在广东工业大学会展专业人才培养方案制定中的应用实践

　　首先，我们借助于"技术路线图"这一战略规划管理工具，从学校的专业办学宗旨、服务面向、市场需求等方面，对学校会展本科专业人才培养方案制定进行全过程规划和分析。具体分析过程见图4。

　　通过这样全过程分析，我们明确了：

　　（1）人才培养目标：培养"宽口径、厚基础、精专业、强能力、高素质"，具有创新精神和实践能力的高级应用型人才。

　　（2）人才培养模式："3+0.5+0.5"模式。

　　（3）多样化教学模式：PBL教学；角色扮演；情景模拟；案例教学；"做中学"。

　　其次，我们依据人才培养目标，通过结构化分析，形成了对应的课程体系，明确了各个课程、实践环节在人才培养当中的作用，如表1所示。

　　新制定的人才培养方案具有以下特点：

　　（1）结合学校办学积淀、差异化专业培养定位。从广东高校目前会展专业的设置院系来看，设置在管理学院的会展专业，主要培养从事会展策划、会议运营与场馆管理的核心人才；设置在旅游学院（系）的会展专业，主要培养从事旅游接待的支持型人才；设置在外语学院（系）的会展专业，主要培养从事会展翻译的支持型人才或从事出国展览的核心人才；设置在艺术学院的会展专业，主要培养从事展台设计的辅助型人才。根据国际会展业发展的趋势和自身的办学基础及特点，广东工业大学会展经济与管理专业培养以下两方面的会展人才：工业品展示设计方向和会展设计方向，即展会设计、会展物流、会展评估及会展专项服务等方面的专业技术人才。这种培养目标的定位既可以合理发挥我校自身的优势资源，又可以培养出能从事各类会展项目的市场调研、策划、营销、运营管理等的应用型高级专门人才。扬长避短，精确定位，推动我校会展经济与管理专业的健康发展。

（2）课程安排弹性。选修课的设置具有专业拓展的灵活性，体现了"拓宽口径，注重素质"的指导思想。学生在掌握基础知识技能课程、专业知识技能课程基础上，也可根据自己的兴趣爱好选择专业的不同类别（设

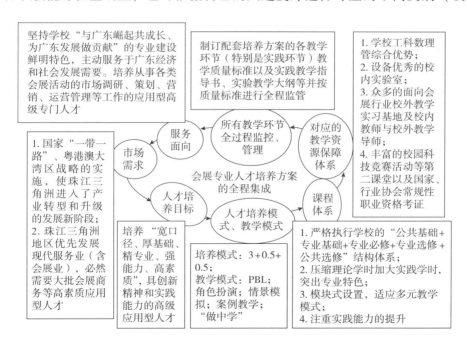

**图4　基于技术路线图从"服务面向""市场需求"
等对会展专业人才培养方案进行分析**

置了工业品展示设计方向和会展设计两个专业方向）知识技能课程，还针对性地开设会展专业前沿讲座，丰富学生知识，更新课程内容，以适应会展专业不同的人才需求类型。

表 1　培养目标与课程体系关联

知识	课程设置	能力	课程设置	素质	课程设置
公共基础类知识	军训、廉洁修身、思想道德修养与法律基础、中国近现代史纲要、形势与政策、当代政治与经济、信息检索与利用	运用会展经济与管理的基本理论与方法分析和解决实际问题，胜任会展调研、方案设计、策划、营销管理等工作；具备基本的管理沟通、协同合作和会展组织实施、会展实务操作等能力	会展策划与管理、会展营销学、会展政策与法规、会议运营管理、展会调研与策划、场馆管理与服务、会展信息管理、产品设计与开发、工业展品设计与推介、工程制图（近土木类）、会展设计、设计概论 A、设计心理学、多媒体设计、展会调研与策划、项目管理	现代人文和科学素质良好的职业道德和社会责任感	廉洁修身、思想道德修养与法律基础、形势与政策、当代经济与政治、"毛泽东思想、邓小平理论和'三个代表'重要思想概论"课外导读、入学教育、毕业教育、公益劳动、社会实践
专业工具类知识	高等数学、线性代数、概率论与数理统计、统计学、大学英语、计算机文化基础、应用文写作				
专业理论知识	专业导论、管理学、会计学、货币银行学、微观经济学、宏观经济学、国际贸易理论与实务、会展政策与法规、会展专业英语、会展经济学、项目管理、国际会展前沿专题、国际贸易地理、产品设计与开发、会展旅游、酒店管理	具有计算机应用能力，掌握文献检索、资料查询的基本方法，能熟练操作会展应用软件	计算机文化基础、信息检索与利用、会展信息管理软件（实训）、网页设计、多媒体设计		

知识	课程设置	能力	课程设置	素质	课程设置
专业实务知识	认识实习、会议运营管理、会展策划与管理、会展营销学、场馆管理与服务、会展礼仪、会展信息管理（软件实训）、行业观摩、专业实习、展会调研与策划、展示设计、网页设计、工程制图、课外部分等	具有良好的英语表达能力、人际沟通和协调能力与团队合作能力。具有较强的创新意识，拥有基本的科学研究和解决实际问题的能力。具有良好的学习能力、开拓能力，能适应会展行业发展和工作环境变化	大学英语、会展专业英语、商务与管理沟通（双语）、第二外语、跨文化交流、英语会展口译、会展礼仪实训、公共关系学、国际会展前沿专题、科研与创新讲座、商业研究方法、实验实习实训、课外部分等	健康的身体和心理素质	军训、体育、毕业教育
				扎实的会展经济与管理专业素养	专业导论、中期论文、毕业设计（论文）及相关专业课程
				较强的环境适应能力和团队协作精神	军训、体育、毕业教育、公益劳动、社会实践、实训实习部分

（3）教学模式多元。对于知识类课程的学习，教师在课堂上讲授课程相关知识的基本概念、规律、原理和方法，采用以"基于问题的学习"和案例讨论等教学模式启发学生自主学习和思考；对实训课程应采用多媒体辅助教学，加大课堂授课的知识含量。在会议运营管理、会展营销学、会展礼仪、商务与管理沟通、会展策划与管理、展会调研与策划等专业主干课程中设置了基于问题学习的实训内容，积极引导学生进行诸如提问式、小组讨论式、提案演示、角色扮演、调查分析等互动式的教学方式，以增强学生的综合能力、分析能力和解决实际问题的能力。

（4）实践能力提升。在课程设置中，增加实训（实验）教学的课时比例，强调实习实训与相关理论教学相结合，并注重课程之间的衔接，充分利用教学软件，提高学生的实际运用能力。在会展策划与管理、国际贸易实务、产品摄影、会议运营管理、商务沟通与管理、会展营销学、展示设计、会展信息管理等理论课教学中都安排了上机或者实训课时，并增加了国际贸易实务网上模拟交易、会展信息管理（软件）实训、展会调研与策划等课程，以提高学生的实践能力。此外还组织学生到会展场馆、会议公司、展览公司、展示设计公司等地进行实习实训（如行业观摩、专业实习、毕业实习、展会调研与策划等），这样能真正将会展专业的理论与实践结合起来，以"做中学"的教学模式提高学生专业知识和技能。

四、总结与启示

借助于"技术路线图"这一战略规划与管理的工具，系统地将人才培养方案以及人才培养模式、教学模式改革进行综合集成，特别是结合广东工业大学会展专业"3+0.5+0.5"培养模式和"PBL+双语教学"模式的改革实践，以图示化方法探索教学全过程管理的"看板式管理"模式，增强其规范性和可操作性。将"技术路线图"方法应用在人才培养方案制定上，可以达到以下几点启示：

（1）从学校教务处和二级学院这个人才培养方案制定者角度看，路线图是社会经济发展对人才需求的定位图，从中可以看到自己培养的人才在社会经济发展中的职业岗位及专长。

（2）从学生的视角看，路线图是一张职业规划和能力实现的导航图，学生一入学就能从中看到自己在毕业后所从事的职业，以及需要掌握哪些能力，学会哪些技能，这些能力（技能）可以通过哪些途径、环节、课程获得。

（3）从教师的视角看，路线图是一张人才培育的行动指南和坐标系，教师可以从中明确自己的育人职责和所教授的课程、教学环节在学生整个德育塑造、专业知识构建和实践能力培养体系中的地位、作用以及如何进一步改进、完善自己的教学活动。

（4）从学校教学资源建设和管理部门人员的视角看，路线图是一张教学资源的配置图，可以从中了解学校投入的实践教学经费去向何处，不同专业的实践教学条件能否满足教学和学生能力培养的需要，如何保障实践教学资源配置更加优化合理等。

（5）从用人单位的视角看，路线图是一份人才说明书，用人单位可以据此对学生所受过的能力训练内容和项目一目了然，从而根据企业和单位的需要选择具有相应职业能力的毕业生，避免人力资源浪费。

参考文献

[1][英]哈尔等.技术路线图：规划成功之路[M].苏峻等译.北京：清华大学出版社，2009.

［2］王志刚等.大学生就业能力提升的路径分析——基于专业实践能力培养的视角［J］.中国大学教学，2013（5）.

［3］孙志颖等.基于"实践能力培养路线图"的本科专业改革——以河北农业大学制药工程专业为例［J］.河北农业大学学报（农林教育版），2015（4）.

［4］刘晓东等.地方农业院校统计学专业实践教学改革技术路线图［J］.河北农业大学学报（农林教育版），2012（2）.

［5］刘春敬等.环境科学专业人才培养路线图修订探讨［J］.河北农业大学学报（农林教育版），2017（5）.

［6］吴琼.广州会展人才供求匹配问题研究［D］.广东财经大学硕士学位论文，2012.

以项目为依托的会展人才培养模式研究[*]

许维利　王明亮

（广东工业大学经济与贸易学院，广州　510520）

[摘　要] 以德国、美国为代表的发达国家在会展教育制度、会展人才培养模式等方面已经积累了一定的经验。在国内，上海师范大学旅游学院实施项目驱动型会展专业人才培养模式；浙江大学城市学院设立会展研究与服务中心，在真实的项目实践中培养会展人才；广东工业大学经济与贸易学院尝试以企业项目及大学生创新创业项目为依托探索会展人才培养的模式。

[关键词] 项目；会展人才；依托；培养模式

会展业是现代服务业的重要组成部分。为满足市场对会展人才的需求，开设会展专业的各院校致力于探讨会展专业人才的培养模式研究，并初步取得一些研究成果。

一、国内外会展专业人才培养模式综述

（一）国外会展专业人才培养经验借鉴

Perry、Foley 和 Rumpfg（1996）认为，会展从业者应具有五大重要知识

---

　　* 基金项目：本文系广东工业大学高教研究基金项目"基于项目驱动的创新型会展人才培养模式研究"（项目编号：2013Y11），2015 年广东省本科高校教学质量与教学改革工程项目——专业综合改革试点项目（会展经济与管理专业）。

　　作者简介：许维利（1971—　），女，广东开平人，广东工业大学经济与贸易学院副教授、硕士生导师，研究方向：国际商务管理，会展经济与管理；王明亮（1969—　），男，浙江江山人，广东工业大学经济与贸易学院副院长，教授，主要从事公司治理、劳资关系及创新经济学领域的研究工作。

和技能，按其重要程度排列为：法律/金融知识、管理知识、公关/营销知识、经济/分析知识、文化伦理知识。他们还认为，除知识之外，一个好的会展管理者必须具备一些素质，分别为洞察力、领导力、通融力、组织能力、沟通技巧、营销技能和对人才的管理水平。Charles Arcedm 和 Tanuja Barker（2002）总结出会展管理人员应具备的 10 项管理技能，按其重要程度分别为：组织策划、沟通、领导力和决策、预算与财政管理、市场营销、团队合作、顾客服务、问题解析以及融资赞助。以德国、美国为代表的一些发达国家在会展教育制度、会展人才培养模式等方面已经累积了一些经验，值得我们借鉴。概括而言，国外在会展人才培养模式方面有以下几种：

一是德国会展人才培养模式。德国是世界会展业强国，其会展教育模式值得借鉴。王春雷（2010）对德国会展教育模式进行了专门研究，并将其概括为四个方面，即办学力量集中化、专业教育定制化、课程设置模块化以及实习活动主题化。设立会展专业的德国大学在课程设置上突出模块化，主要分为五大模块，即工商管理、展览管理、会议管理、大型活动管理以及展台设计与搭建。工商管理侧重于会展综合组织管理和会展营销，展览管理侧重于展览项目策划与实施，会议管理侧重于会议项目策划与实施，大型活动管理侧重于大型活动策划与实施，展台设计与搭建侧重于展台的设计与施工管理。在具体培养方式上，强调理论与实践相结合。学生每学完一个模块的理论知识后要参加相应的实习，在实习中掌握该模块所要求的专门的工作能力。在实习安排方面，以德国巴登霍恩夫国际应用技术大学会展管理专业的实践学制为例。该校会展专业学制为三年，共六个学期。第一学期以理论学习为主，第二学期、第三学期开设大型活动认识实习和大型活动项目管理中的项目实习，学生通过这些实习对会展业有了直观认识。第四学期有为期 5 个月的实习安排，学校为学生提供在会展公司、会展配套服务提供商、广告公司或大型企业的市场部门、公共关系部门的实习机会，让学生完整地参与企业会议展览业务流程，掌握招展、布展等基本技能。第五学期学校再安排一次大型活动实习。第六学期学生们回到学校进一步加深理论课程的学习。经过数次、时间跨度约为全部学习时间 1/3 的实习活动，学生们在正式步入工作岗位时就有能力独自开展一系列工作。

二是美国会展人才培养模式。美国作为会展学历教育的大国，对会展人才的复合型知识结构极为重视。目前，美国已经形成了多学科、多层次、多种培养方式的会展教育体系，开设会展或相关专业的美国高校已经成为重要的会展管理人才培养地。据统计资料显示，在全球 150 多所提供与会展管理相关课程、证书以及学位的大学中，美国大约占了其中的一半。美国形成了以学士、硕士为主体的学位教育体系，一些美国高校还通过远程教育向全球 20 多个国家的学员提供与会展相关的课程教育与培训。美国高校在会展管理教育中注重理论与实践的结合，根据学校学科重点的不同提供差异化的课程体系。例如，在学士学位教育中，得克萨斯州休斯敦大学拉德希尔顿酒店管理学院向学生提供的课程包括：程序计划、营销与公共关系、餐饮计划、预算和融资管理、展览销售与管理、运输协调、娱乐、视听设备介绍、合同与租赁管理、接待计划与管理等。在硕士学位教育中，美国高校向学生提供的则是较高层次的有研究特征的课程。例如，内华达州拉斯维加斯大学向研究生提供的课程包括：会议管理战略、服务业金融分析、市场营销系统、人力资源和接待行为管理；乔治·华盛顿大学推出的特殊事件管理职业资格证书教育培训课程主要有：经营管理、协调、市场营销和风险管理四个领域的核心课程。

（二）国内会展人才培养模式理论综述

与德国、美国等会展管理教育相对发达的国家相比，我国的会展管理教育发展滞后，仍处于不断探索的阶段。会展人才培养模式存在起点低、定位模糊、专业设置特色不明显、培养层次单一、市场供需矛盾等问题。针对上述问题，学者及会展从业者们提出了一些会展人才培养的对策。张俐俐、庞华（2008）认为，研究型大学应该以市场需求为导向，建立有自己特色的课堂教学、实践教学和外语教学人才培养模式，将市场发展、产业结构和人才需求的变化趋势作为确定会展专业主体框架的依据，构建会展专业复合型创新人才的培养模式。邬适融教授（2009）建议，我国高校的会展专业课程可以采取综合型模块式课程设计，分为普识教育模块、基础课程模块、专业课程模块、专业技能模块、专业实习模块。蔡清毅（2012）主张从建构主义出发，改变原"知识本位"的人才培养模式设计，建立以能力为本位，以系统性为指导、模块化理论为依据构建人才培养体系。张健康（2008）以浙江大学城市学院为例，深入分析其项目驱动型的会展人才培养模式，概括出该教学模式的主要特点是：实务类课程的进入、学生项目小组的形成、学生的全程性深入参与、学生参与的专业性与研究性、中心与专业的一体化互动。王春雷（2010）则较为全面地对项目驱动型会展专业人才培养模式进行分析，并以上海师范大学会展经济与管理专业的具体实践为例，该学院培养会展人才的教育理念由"会展经济与管理"向"活动管理"拓展，培养目标是突出培养学生的项目管理能力，培养过程是以综合性校园实践活动为平台，贯通相关专业课程，培养评价方式是实行学习成绩和毕业论文的多方评价。从上述分析可以看出，国内关于会展人才培养模式的研究仍处于探索阶段。

二、以项目为依托的创新型会展人才培养模式的实践案例

近几年来，在国内已有一些高校开始以项目为依托进行创新型会展人才培养模式的探讨。以下选取较有代表性的院校在项目驱动型会展人才培养方面的实践案例：

（一）上海师范大学：项目驱动型会展专业人才培养模式

2002 年 11 月始，上海师范大学旅游学院开始在旅游管理本科专业下设立会展管理方向；2004 年 1 月，经教育部批准开设"会展经济与管理"本科专业，并于当年 9 月开始招收第一届共 87 名学生。2008 年，该校会展管理系提出办学方向的战略转移，即由"会展经济与管理"向"活动管理"拓展，同时基于活动管理与项目管理的内在联系，倡导并全面实行项目驱动型的会展专业人才培养模式。该培养模式明确"活动管理"的办学思路，将活动管理的知识体系作为会展专业学生的主要知识结构，并采用"基础课+方向课"的模式，增强学生适应不同活动项目管理需要的能力。该模式的培养目标是突出培养学生的项目管理能力。在培养学生的过程中，以综合性校园实践活动为平台，贯通相关专业课程，如"节事活动策划与管理""展览会策划与管理""会展融资""会议策划与组织"等课程。为促进学生各阶段所学理论知识与实践活动的相互融合，该校会展经济与管理专业的学生必须完成四种实习，即三次现场服务实习、综合性校园实践活动、区域会展业考察实习以及毕业实习。除此之外，上海师范大学旅游学院为学生创造实践机会，灵活执行日常教学管理规范。例如，为培养学生的项目组织、执行能力与团队协作能力，该校旅游学院创新思维，把一些大型会议项目交由会展管理系的师生负责运作。这些项目包括 2004 年上海国际

会展教育与培训论坛、2006 年都市旅游国际会议、2009 年中国旅游协会教育分会年会、2010 年上海世博会阿姆斯特丹旅游日、2013 年中国会展教育发展十年论坛暨首届全国会展专业负责人、系主任及学科带头人会议等活动。通过这一系列的活动，形成了阶梯式的师生活动管理团队，学生的组织、策划、活动管理能力得到了充分的锻炼。在以项目为驱动的人才培养模式中，培养评价是重要环节。上海师范大学旅游学院会展管理系在培养评价方面，注重推动以下两个方面的工作：其一，在专业课程作业和综合性校园实践活动方面，采取的评价方式是借鉴荷兰 Inholland 大学的（It—They—I—We）项目作业评估模型。其二，会展专业学生的毕业论文选题必须得到企业或社会相关机构的认可。

（二）浙江大学城市学院：设立会展研究与服务中心，以项目驱动

浙江大学城市学院在会展人才培养方面，强调以项目驱动创新型人才的培养，在校内设立教学实践基地——会展研究与服务中心。由该中心承接会展项目，该中心的项目来源主要是杭州西湖博览会项目和浙江大学国际会议。在这些项目中，让会展专业的学生全程深度参与会展项目，在真实的会展项目中锻炼能力。该校传媒与人文学院对以下四门课程进行教学模式改革和创新，包括会议策划与组织、会展信息管理、大型活动策划与组织、会展客户关系管理，把上述四门课程纳入会展研究与服务中心，与中心承接的会展项目对接。至今，该中心已经形成三支团队：专职团队、专职教师团队、学生团队。专职团队实行企业化管理，中心自收自支，用项目运作盈利支付专职团队的薪酬支出，专职团队在项目执行中对参与项目的学生进行指导。专职教师团队全部进入中心，其进入方式包括以基于课堂的进入、基于挂职锻炼的进入、基于项目的进入等。学生团队进入中心参与项目运作的方式之一是以学生干事的身份进入，学生干事采取选拔方式进入，入选的学生参与中心的项目全程运行以及中心的日常工作。该学院还根据学生专业的特点，大一、大二学生进行初步的、外围的参与，主要让学生对会展业有初步的了解和感性的认识，大三、大四学生进行深入的、核心的参与，培养学生专业实践能力，开阔视野，积累社会经验，提升学生就业竞争力。

三、以项目为依托培养会展人才的浅试：广工经济与贸易学院会展人才培养方式初探

广东工业大学经济与贸易学院于 2009 年秋开始招收会展经济方向的学生。经教育部批准，在 2010 年秋招收会展经济与管理专业学生。截至 2017 年 9 月，会展专业在校学生约 260 人。从设立会展专业开始，该学院努力探讨人才培养模式，除与广交会、广州家具展、中小企业博览会及一些五星级酒店等合作外，还致力于以大学生创新训练项目、创业训练项目和创业实践项目为依托培养会展人才的尝试。这三种项目的共同特点都是学生自主参与、在导师指导下完成，强化学生创新能力的训练，增强高校学生的创新能力和在创新基础上的创业能力。广东工业大学经济与贸易学院探索大学生创新创业训练计划的管理模式，结合会展专业特色，精心组织实施与会展管理相关的创新创业实践项目，培养创新型会展人才。自 2012 年 6 月开始，该学院学生在专职教师的指导下申请项目，以下是与会展专业相关的部分学生项目：

表 1 中的创新训练和创业训练项目经学校批准立项，然后下拨申请经费以及提供必要的场地，学生团队按照申报书及策划书开展活动，取得较好的效果。以"Newjoys 展览会——大学生旅游展"为例，该项目学生成员均为会展专业学生。由组长负责整个项目的组织、分工、策划，该学生团队分为策划组、外联组、推广组等，团队成员任组长，由组长在大一、大二中招收组员进行协助工作。策划组成员负责整个项目落实流程安排，场地布置等工作；外联组成员负责对外联络地方旅游局、旅行社、饮料公司等，饮料公司、旅行社等企业以免费捐赠的方式提供展览当天所需饮料、奖品，以及提供介绍旅游线路和旅游文化的书面资料等。旅游展举办当天，邀请数家地方旅游局以及赞助单位设展。华南理工大学、华南师范大学等高校对旅游有兴趣的协会及学生参与旅游心得分享活动。广东汽车会展频道对活动及项目组成员、指导教师进行采访报道。从项目效果来看，该项目立项后，指导教师对项目的开展任务进行了合理划分，力求会展专业各年级学生各有分工，项目团队成员围绕各自的任务，收集资料，邀请参展企业等，项目运作状态良好，截至 2018 年 11 月已经举办六届，效果较为明显。由此可见，基于项目驱动的大学生创新能力培养是可行有效的。

表 1　部分创新训练（创业训练）项目

序号	项目名称	项目简介
1	Newjoys 展览会——大学生旅游展	该项目以系列展览会为主题，让会展专业学生把所学知识应用于实践中。首届展览会以旅游为主题，结合学生班级活动，进行旅游策划和推广，并与旅行社合作在校园内进行布展，介绍旅游文化
2	基于产业生态位理论的广东会展业现状评估与发展路径研究	团队对广东一些会展企业现状进行调查，用产业生态位理论探讨广东会展业的发展现状及发展路径
3	广东工业大学学生会展技能大赛	项目组与学院团委合作，围绕会展教学、会展人才培养与服务社会双向驱动等方面组织会展技能大赛，增强学生提高专业水平意识，营造积极进取的良好学习与实践氛围，有助于培养高素质专业人才
4	广东工业大学农家乐创业实践项目	团队与农庄合作，开发小型农家乐基地，活动包括了市场调查、可行性分析、主题策划、与农民治谈、种植场地划分、宣传工作、组织团队、服务等环节

四、结论

以项目管理为纽带对会展活动管理所对应的知识和技能进行模块化设计，有利于优化会展专业的课程体系，实施项目驱动型的教学方法则有助于增强会展专业学生的实际动手能力。当前，项目驱动型培养人才模式也存在一些难题，例如，如何与教务管理部门协调理论教学与项目开展的时间冲突问题、项目经费来源问题、项目创新问题，如何激励学生参与项目的积极性问题等。坚持项目驱动型培养人才模式，必须依靠学校和业界的支持，专业教师自身实践经验的积累和尽责指导，以及学生的主动学习并积极参与。

参考文献

[1] Perry M, Foley P, Rumpf P. Events management: Challenger in Australian higher education [J]. Festival Management & Event Tourism, 1996 (4): 85-93.

［2］C Arcodia，T Barker．A review of web-based job advertisements for Australian event management posisions ［J］．Journal of Human Resources in Hospitality & Tourism，2003，1 （4）：1-18.

［3］王春雷．项目驱动型会展专业人才培养模式研究——以上海师范大学会展经济与管理专业为例 ［J］．旅游科学，2010 （6）：84-92.

［4］吴建华．中德高校会展教育实践之比较研究 ［J］．广州大学学报 （社会科学版），2008 （8）：56-58.

［5］朱旭光．构建具有传媒特色的会展专业人才培养模式 ［M］．中国会展教育十年．杭州：浙江大学出版社，2012.

［6］刘大可，张文，王向宁．美国会展管理教育及其对我国的启示 ［J］．旅游科学，2003 （1）：1-4.

［7］张俐俐，庞华．研究型大学会展管理专业培养模式研究——以珠三角为例 ［J］．旅游科学，2008，22 （3）：55-58.

［8］蔡清毅．建构主义观照下的会展人才培养模式思考 ［M］．中国会展教育十年．杭州：浙江大学出版社，2012.

［9］张健康，方玲玲．基于项目驱动的会展创新型人才培养模式研究 ［C］．2008 世博会·会展教育与研究国际研讨会论文集，2008.

课程设置

对英语专业会展方向的回顾与思考[*]

黄运亭

（华南理工大学广州学院外国语学院，广州　510580）

[摘　要] 立足培养切实服务广东经济发展的应用型会展人才，笔者对华南理工大学广州学院外国语学院英语专业会展方向课程设置的历史沿革、现状、问题、定位、课程，以及"企业—学会—学校"三级协同培养会展核心人才模式等几个问题进行了探讨，在此基础上，锁定广东会展行业实际需求，结合学校自身特点，定位培养符合广东会展行业需求的会展实操型人才。

[关键词] 会展实操人才；课程设置；协同培养

珠三角地区会展业的快速发展，引发了会展专业人才稀缺的现象，据《中国会展》杂志调查："会展从业人员队伍中，真正懂会展、会操作、会管理、会设计的专业人才不足1%，大多数会展从业人员是半路出家，真正科班出身的人才凤毛麟角。"并且，据调查，广州会展人才岗位主要集中在会展策划、会展物流、会展营销、会展设计和会展服务上，近几年，尤其在展览会、节事活动的策划、会展营销等方面，会展专门人才供不应求。基于以上会展业人才现状及广州会展人才岗位的需求情况，本文对华南理工大学英语专业会展方向的人才培养定位、课程设置以及培养模式三方面进行探讨。

一、开设会展课程的历史回顾

鉴于英语专业纯语言的毕业生就业难，并且，就业后比较难发挥专业优势

＊ 作者简介：黄运亭（1952—　），男，华南理工大学广州学院外国语学院副院长、副教授，主要研究方向：英汉语言对比、英语教学法。

的现象，华南理工大学作为复合应用型人才培养的学校，外国语学院于 2009 年在语言专业的基础上，增设专业方向，形成了"专业+方向"的应用型人才培养模式，开设了国际贸易、企业营销以及旅游方向的相关课程。但学生对旅游方向兴趣不浓，对会展方向则较有兴趣，于是便增设了会展方向的相关课程。

建院后的 10 年，外国语学院开设的方向课程没有专业教师，几乎所有的方向课程都靠外聘兼职教师授课。而这些兼职教师来自不同的学校，稳定性较弱，教学形式也比较随意，同时，来自理工科院校的教师和文科类院校的教师对方向课程的理解也不尽一致，所以开出的课程完全取决于任课教师的专长和研究方向，始终无法解决英语专业会展方向究竟应该开设哪些"核心课程"的问题。

2013 年 5 月，华南理工大学分别与中国台湾树德科技大学、英国哈德斯菲尔德大学以及中国台湾"国立金门大学"签订了合作办学协议，并正式确立了"外语专业加方向"的应用型人才培养模式。英语专业设立了"国际企业与贸易""会议展览与市场营销""英语教育"和"运动与休闲管理"四个方向。前两个方向与树德科技大学合作，第三个方向与哈德斯菲尔德大学合作，第四个方向与"国立金门大学"合作。学校同意学生入学后，前两年在本校修读英语专业，打好语言基础，第三年分别到合作院校修读一年的方向课程，第四年再回到本校完成毕业论文和实习任务。换句话说，广州学院外国语学院把落实方向课程教学的希望基本上寄托在了合作方身上。但由于学生家庭经济条件所限，并非所有的大三学生都具备出境学习的条件，学院决定：选择"英语教育"和"运动与休闲管理"方向的学生必须出境学习，否则建议不要选择这两个方向。而选择"国际企业与贸易"和"会议展览与市场营销"方向的学生如果不能出境学习，大三仍可继续留在本校学习。于是有两个问题必须解决：一是双方开设的方向课程必须尽量一致，以便于学分的互认；二是外聘教师必须按合作双方商定的课程设置进行教学。在此基础上，所谓"核心课程"的概念被提了出来。

为了更好地进行专业建设，完善专业设置和培养计划，使课程体系合理化，更好地实现人才培养目标计划，在学校教务处的大力支持下，外国语学院于 2015 年 5 月聘请了校内外专家对英语专业的方向课程进行了论证，论证后的课程设置，为"核心课程"的确立提供了较为可靠的依据。

2015 年 4 月 13 日，广州学院外国语学院获准加入广州市会展行业协会，成为该协会的正式会员单位。通过协会这个平台，外国语学院结识了许多会展业界的精英。2015 年 9 月，吴建华教授作为华南理工大学的全职教师到校上班，从此，外国语学院英语专业会展方向迈出了"走出去"的步伐。吴建华教授具有博士学位，是广东省高校最早从事会展教学与研究的专家之一，曾被评为 2006 年度、2007 年度中国会展业十大会展理论人物，对会展业有非常深入的了解且极具办展经验。在不足一年的时间里，在吴教授的带领和指导下，2013 级英语专业会展方向的学生多次参加展销会，到展会或企业参观学习，对会展业有了比较深刻的了解。2015 年 9 月 18 日，2013 级英语专业会展方向的学生到广州琶洲展馆参加 "It Is Me 2015 广州国际服装节暨广州时装周"。2015 年 11 月 25 日，他们以志愿者的身份参与了 2015 中国企业跨国投资研讨会的服务工作。这次研讨会是中国国际贸易促进委员会发起并主办的一个机制性平台，旨在促进中国企业对外投资合作。通过参与中国企业跨国投资研讨会的志愿服务，学生学到了许多书本以外的会展专业知识，了解了如何进行会议布置、应对各种突发状况的技巧，提高了能力，同时为大会的顺利进行做出了应有的贡献。之后，他们又先后到珠江啤酒厂，第三届亚太国际 3D 打印产业展览会参观学习。2016 年 6 月 18~19 日，2013 级英语专业会展方向的学生还在学校体育馆举办了首届小型消费品展销会，参加展销会的商家接近 20 家。

二、英语专业会展方向课程的设置现状

外国语学院设置的会展方向有别于一般英语专业常见的文学、语言学、翻译、商务英语等方向，其主要特点是：结合广东省尤其是广州市对会展专业人才的需求情况，培养会展行业急需人才，帮助学生提升在未来就业市场上的核心竞争力。

北京会展政治性强、上海会展以大型国际会议为主，与这两个城市特点不同的是，广东会展主要面向中小型企业，以展会为主，更注重会展的实际策划、管理和落实，因此，广州学院外国语学院英语专业的会展方向重点在会展上，尤其以展会为重。基于以上特点，外国语学院的会展方向课程主要包括三大模块："专业方向知识模块""专业能力模块"和"实践能力模块"。

专业方向知识模块，主要涉及会展管理知识与国际营销知识，包括会展项目管理、会展工程资料及会展工程设备这三门课程。这三门课程的设

置实用性较强，与会展行业联系密切。此外，基于会展人才需要一定市场营销知识的考虑，还设置了国际市场营销课程，并且有针对性地开设了会展英语课程。

专业能力模块包括跨文化交流能力和会展实操能力的培养，主要课程有：跨文化交际课程，培养涉外会展人才所需的跨文化知识和交流技能；会展企划实务、案例分析、材料的仓储与物流、图纸审核与报价、BEC 考证培训，这五门课程主要培养学生的会展专业技能。

实践能力模块主要解决学生的动手能力。充分利用假期实践、专业实习、毕业实习和毕业论文等形式，分阶段到相关公司或机构进行参观学习和实际操练，把课堂上所学的知识与实际操作有机结合起来，在实践中消化吸收课堂上学到的知识，发现问题，分析问题，再回归到课堂上探讨找出解决这些问题的对策。

三、"企业—协会—学校"三级协同培养英语专业会展人才模式设想

虽然华南理工大学英语专业会展方向的课程力求结合行业需求，邀请专家进行了论证，并聘请相关企业管理人员充实会展人才培养的教师队伍，但随着经济的发展，地区行业的需求也随之变化，学校与行业之间的密切联系与沟通显得尤为重要。

目前，对会展专业人才有需求的机构包括政府、主展单位、搭建公司、会展展馆、各类协会、大型酒店、大型集团公司等。由此可看出，会展人才有较为宽广的需求面，但如何解决广东省用人单位的需求与学校会展人才的培养脱节问题，就需要充分发挥广州市会展行业协会的平台作用，将企业机构需求与学校人才培养紧密结合起来，由企业、协会、学校三方合作攻关。我们希望，以广州市会展行业协会为纽带，建设"企业—协会—学校"三级协同培养英语专业会展人才的教育模式和体系，解决好以下几方面的具体问题：

在会展方向的教材编写上，由"企业—协会—学校"共同协作，尽量从根本上解决教材过于空泛、不切实际、不符合行业需求的问题。

在会展方向课程的设置上，由"企业—协会—学校"以及相关领域专

家共同论证，从源头上解决用人单位需求与学校培养人才信息不对称的问题。

在会展方向师资队伍的建设上，由企业一线的优质员工担任学校会展人才培养的实践导师，在一定程度上避免或少走会展人才培养的弯路。

总之，培养符合广东会展行业需求的英语专业会展人才，离不开企业、协会、学校的共同努力。

参考文献

［1］安晓波，辛昆堂. 中国会展专业人才教育培养模式的探索与研究［J］. 教育与职业，2010（2）：107-109.

［2］范娜娜. 珠三角地区会展企业发展及人才需求现状分析［J］. 中国市场，2016（26）：88-89.

以"PBL 课程群"建设促进会展专业创新人才培养的实践*

张成科

（广东工业大学经济与贸易学院，广州　510520）

[摘　要] 如何全面推进素质教育，培养具有自主创业意识和开拓创新能力的高素质应用型人才，是地方本科高校必须解决的新问题。合理地利用 PBL 课程群既能促进培养学生的专业科学研究能力，又能帮助学生构建更为合理的知识结构，还是促进创新人才培养的有效途径。本文以会展经济与管理专业（以下简称会展专业）为例，对如何利用 PBL 课程群培养具有创新能力的会展创新人才进行了探讨。

[关键词] PBL 课程群；创新；人才培养；会展经济与管理专业

一、研究背景与问题提出

培养创新人才是近年来对高校人才培养质量提出的新的更高要求。而基于问题或项目的学习（Problem Based Learning，PBL）强调把学习置于复杂的、有意义的问题或项目情境中，通过小组合作解决真实的问题或完成一个项目的全过程，使学生形成自主学习的能力。"以问题为导向、以项目为组织形式、学科交叉、学习者主动参与和自我调控、理论联系实践"是 PBL 教学模式的五大特征。问题是课程组织的核心，它们往往没有简单、固定、唯一的正确答案，但能激起学生探索、寻求解决方法的欲望，激发

---

　* 作者简介：张成科（1964—　），男，广西钟山人，广东工业大学经济与贸易学院院长，教授，主要研究方向为博弈论和信息经济学。

学生的创新思维；学生是致力于解决问题的主体，他们识别问题的症结，寻找解决问题的方法，并努力探求、理解问题的现实意义，构建或重构自己的知识。实践证明，用 PBL 课程群建设来加强创新型人才的培养是一个较好的途径。尤其是对会展专业来说，每一个"展、会、节"都是一个项目或者问题，更适合开展 PBL 教学。在实践过程当中发现，若一门 PBL 课程一个教师这样配置，既没有这么多教师能参与课程上课时间之外的课程讨论、答疑辅导（从而影响 PBL 课程教学效果），又不能将专业课程知识融会贯通（从而也影响学生专业知识的构建），因此，需要将知识内容相近的若干门课程共同构建为 PBL 课程群，才能更好地培养创新人才。

二、以"PBL 课程群"建设促进创新人才培养的措施

结合改革与实践经验，笔者认为，要真正使 PBL 课程群成为促进专业建设、培养专业创新人才的有效方略，必须满足多项不同的条件（或者说采取多项措施）。针对会展专业创新人才培养和 PBL 课程群建设的改革与实践，主要采取以下几项措施。

（一）围绕人才培养目标构建适合 PBL 教学的课程群

首先，以系统工程思想围绕会展专业人才培养目标，从宏观层面构建课程体系；其次，从中微观层面围绕会展专业创新人才培养目的，我们以会展专业的"展、会、节"三大主题从低至高、从第二学期到第六学期，归纳 16 门课程，组建了各个学期的 PBL 课程群。在这个重构过程中，将课程体系中的相关的课程进行整合，删除重复过时的内容，增加与时俱进的新内容，使 PBL 课程群反映了学生所学专业知识体系中包含了哪些模块的知识，它是多门单独课程的系统化，是为课程体系建设服务的，从而提高教学效率。这 16 门课程构建的 PBL 课程群及其在人才培养中的地位和作用如图 1 所示。

PBL 课程群建设中，除优化配置课程体系外，还要制定教学大纲，这个教学大纲，不能是章节内容的堆砌，而是 PBL 课程群中各门课程教学的指导性文件。教学大纲除了对各门课程的基本内容提出明确要求外，还应针对会展专业的特点提出培养学生创新能力的措施，阐明 PBL 课程群之间的联系，充分体现优化课内、强化课外、激发学生主动学习的精神，并提出相应措施和办法。

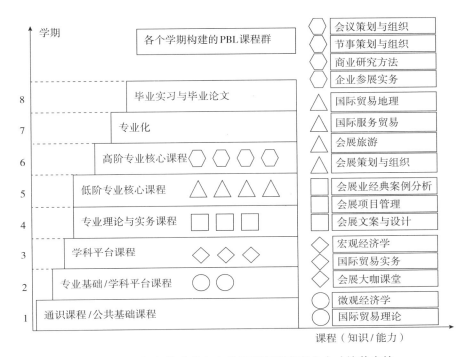

图1　16门课程构建的各个学期课程群在专业人才培养中的
地位、知识链和能力连接图

（二）建设一支与新教学方法匹配、年富力强的教师队伍

高校教师师资力量是决定人才培养质量的关键。会展专业作为一个应用性强的新兴专业，应当具备大量不仅通理论还精实务的"双师型"师资队伍，应当形成"学会展、做会展、研究会展、教会展"的教学风格。而建设一支能实施PBL教学的师资队伍是实施课程群改革与建设的首要条件。对教师队伍的培养，有以下几个方面须重点考虑。

首先，要加强专业教师专业理论水平的培养。按照建设计划组建了PBL课程教学团队，对教学团队教师有序进行进修和培训。学院统筹规划先后派遣张成科教授和讲师刘艳明博士参加了广东工业大学第二期PBL教学法培训班（国内班），邀请丹麦奥尔堡大学Egon Toft教授、杜翔云教授两位专家到学院授课。2015年3月4日至4月11日，学院派遣陈原教授、谭蓉娟教授、黄荣斌副教授等一行赴澳大利亚墨尔本皇家理工大学（RMIT），进行了为期 5 周的 PBL 教学模式与方法的培训学习。2015 年 4 月 21 日，由学校教务处与国际合作与交流处主办的广东工业大学 PBL 教学研讨会在经济与贸易学院举行，经济与贸易学院作为承办方，由院长张成科教授介绍了学院 PBL 教学情况，丹麦奥尔堡大学杜翔云教授介绍了奥尔堡大学实施 PBL 教学的方法和经验，我院教师与自动化学院陈伟以及艺术学院、数学学院等有兴趣参与 PBL 教学的老师进行了广泛的互动与交流。

其次，要加强专业教师外经贸实务知识的培训。专业的教师不能仅仅是理论研究型专家，还应当是精通实务操作的实干家。因此，应当有针对性地选派教师进入会展企业、广州进出口商品交易会、广州国际家具博览会、广州国际建筑装饰博览会、广州国际酒店设备用品展览会等企业和著名展览会进行实践锻炼，以培养专业教师较强的实践操作和课堂演示能力，在教学过程中才不至于照本宣科、枯燥乏味、言之无物。

最后，要加强专业教师外语水平的培养。会展专业的涉外性、实践性直接决定了其对英语的较高要求及语言多样化的特定要求。因此，此专业学生应当具备融合专业知识和专业英语的能力。所以其课程群设置应当包括国际贸易等（双语）课程。要满足这些要求，选拔不仅外语基础较好而且专业能力也较强的教师进行专业核心课程的教学，还应为双语教学的教师创造更多的对外交流的机会，采取多种方式来实施专业英语教师和双语教学教师的梯队建设。

（三）建设适合 PBL 教学方法的系列课程教材

长期以来，各高校在教学安排过程中，对所选用的教材的质量都非常重视。PBL 课程群建设与优秀教材的选用是相互促进的，一方面，教学的主要内容直接体现在教材中，PBL 课程群中该如何整合、如何反映最新的社会经济发展成果，需要通过对教材内容的删减、优化组合来实现；另一方面，PBL 课程群建设的成果也必须全面反映到教材建设上，应该建设富有特色的系列教材，这其中包括编写国家级优秀教材，也包括编写具有自身特色的本土教材。我们编写的《博弈论与信息经济学 PBL 教程》（张成科，2015）、《国际直接投资（PBL 教程）》（黄荣斌，2018）、《国际贸易实务案例教程》（易露霞，2016）获得国内高校同行使用，用量超过 2000 册以上，目前出版社已经再次印刷或者再版。同时在教材编写的过程中必须紧跟时代，反映最新的会展经济与管理发展成果。如会展业经典案例分析、会展策划与组织、节事策划与组织等课程的教学都必须做到与时俱进，应当让学生从教材中了解到各国对"展、会、节"三大主题最新的发展状况与趋势。

（四）科学合理的课程考核方法

实行 PBL 教学必须撰写课程教学任务模块与各模块的内容提要，课程模块的设计应能涵盖课程主要相关知识、能力等要求，模块间具有逻辑关联，所有模块完成后应能构成一个完整的项目；课堂教学有不低于 50% 的内容是采用就问题或项目任务进行讨论、展示和答辩的方式；努力营造能让学生积极参与课堂交流的氛围，充分调动学生积极性和主动性，对问题或项目进行探究，建立创新性思维；课后作业应鼓励学生用阶段性研究报告完成，并要求每学期需提交阶段性问题分析或项目分任务报告或研究报告。

PBL 教学课程一律采用考查方式。学生小组总报告占总分数的比例不超过 60%；平时讨论、项目研究报告展示、个人答辩等方式下考核的成绩占总分数的比例不少于 40%。在考察成绩的设计上，鼓励老师们多元化、多方位评估，减少学生"搭便车"、不作为等现象，从而调动学生利用理论分析实际问题的积极性。

最后，建立教学质量评价系统，监控课程教学全过程，保证课程群的教学质量。

（五）构建适合 PBL 教学的课程群电子化教学资源

要实现会展专业创新型人才的培养目标，构建适合 PBL 教学的课程群电子化教学资源也很重要。在教学过程中，必须摆脱只有理工科学生才需要试验的传统观念，必须认识到试验课是帮助学生巩固理论知识、增强动手操作能力的最好方式。各门课程都要尽可能应用现代化教学设备，利用先进的教学软件等，以提高教学效率，增强直观教学和提高教学效果。目前存在的主要问题是如何在国家对网站加强管理的环境下，更好地完善和丰富 PBL 课程群网站内容，将来重点应该是在学校购买的安全公共开发平台上组织专人开发新的网站，以便师生在校园内外的公共网络都能够浏览。目前虽然已经有三门 PBL 课程网站，但是还需要在课程群网站上开发一个能够进行实时交互的系统，方便师生实时交流和开展研讨学习。

三、经验与结论

根据在会展专业开展的 PBL 课程群建设改革与实践，笔者认为其成功之处是：

（1）打破以往孤岛式的"单门课程的理论学习+单门课程的实践教学"的传统培养模式，变成了以专业综合知识、技能和实操能力为导向，建构起"单门课程的理论学习+单门课程的实践教学+基于 PBL 课程群的综合实践"的新型培养模式。

（2）PBL 课程群支持课程资源的共建共享，特别是实现教师之间的协同互动互教互辅导，自然形成教学团队并不断创新，与时俱进。

可能的借鉴是：PBL 课程群建设既要注重专业特色，又不能盲目追求课程群的规模而忽视课程之间的统筹，也不能盲目追求课程群的完整而忽视课程本身开设的目的。在实施过程中，要将其与课程体系和单门课程建设区分开来，科学设置其内容，最大限度满足其条件，只有这样，才能很好地发挥其功能。

我们坚信，PBL 课程群建设应当成为高校本科专业建设的新亮点，同时，PBL 课程群建设应当成为促使学生构建符合社会需要的知识体系，促进创新人才培养的新途径。

参考文献

［1］刘娟. 基于 PBL 的旅游专业教学新模式探讨［J］. 学园，2018（4）：77-78.

［2］刘畅. 广州会展经济发展研究［D］. 广东外语外贸大学硕士学位论文，2015.

［3］李华. 以"课程群"建设促进创新创业人才的培养——以国际经济与贸易专业为例［J］. 中国成人教育，2008（23）：124-125.

［4］蔡自兴，刘丽珏，陈白帆等. 智能科学精品课程群建设与体会［J］. 中国大学教学，2013（9）：43-44.

多媒体课件在会展专业课堂教学中的应用*

姚洋洋

(广东财经大学地理与旅游学院，广州　510320)

[摘　要] 充分认识多媒体课件在课堂教学中的作用，并结合各专业的特点，设计出恰当的多媒体教学课件，是提高会展专业教学效果、构建课程教学体系的重要途径。本文从会展专业课程教学的特点出发，探讨了多媒体课件在提高会展教学效果中的作用，并提出了在多媒体课件的使用中应注意的主要问题，对提升多媒体课件的使用效率，提高会展专业课程的教学效果具有一定的指导意义。

[关键词] 多媒体课件；会展教育；课堂教学

一、引言

随着中国会展业的快速增长，会展高等教育也呈现出"雨后春笋"般的发展态势。截至 2016 年 2 月，全国开设会展专业的本科院校已经达到 98 所，在校生规模超过 1.3 万人。会展高等教育的发展为我国会展行业提供了大量的专业人才，在推动我国会展业的发展过程中起到了非常积极的作用。作为一种实践性较强的专业，会展高等教育属于应用型教育，对学生的培养应当体现时代精神和社会发展要求，更新教学内容、教学环节、教学方法和教学手段，培养出具备行业性、应用性和社会性的专门人才。

自 20 世纪 90 年代起，伴随着计算机技术的快速发展，教育信息化的推

---

　* 作者简介：姚洋洋（1988—　），湖北襄阳人，管理学博士，广东财经大学地理与旅游学院讲师，主要研究方向为服务经济与管理。

进步伐不断加快，以多媒体技术为教学手段的现代教育技术也广泛应用到课程教学中，使用各种教学软件（如 PowerPoint、Flash、MindManager）制作的多媒体课件越来越受到教师和学生的喜爱。作为目前课堂教学过程中最为重要的辅助工具，多媒体课件具有教学内容资源丰富、教学展示形象直观、教学过程沟通交互等特点，对教师的教学方式、学生的学习方式、知识的呈现方式产生了重要影响，显著提高了课堂教学的效果。

在会展专业的课堂中，多媒体课件已经成为一种不可或缺的重要工具。充分认识会展专业课程教学的特点，积极发挥多媒体课件在会展教学中的作用，避免多媒体课件在教学实践中可能存在的问题，对拓展多媒体课件的应用领域，提高会展专业课程的教学效果具有一定的指导意义。

二、会展专业课程教学的特点

（一）与实践联系紧密

会展专业高的实践性特点，决定了在专业课程教学中，需紧密地联系实践问题。除安排适量的实践教学和专业实习外，还需要在课程教学过程中，展示会展活动的重要实践问题，采用案例、图片、视频等手法模拟实践场景，把讲解理论知识与解决实践中的问题结合起来，强化学生专业知识的学习效果，提高其运用知识的能力。

（二）内容庞杂，涉及面广

由于会展活动的综合性，高等院校在会展专业课程的设置上也呈现出多样化的特点。除基础课程外，会展专业的课程涉及产业与城市经济、项目管理、基本理论和主要会展管理、运营与后勤协调、实操技能、支持领域等领域（王起静，2010），融合了管理学、经济学、文学、艺术学等门类。有些高等院校根据自身的特点和发展方向，开设了一些具有特色的专业课程，因而会展专业课程的内容庞杂，涉及面非常广。

（三）叙述性讲解比例大

我国的会展高等教育起步较短，尚未形成一套完整的学科理论体系，大多数专业课程并没有复杂的公式推导和严谨的逻辑推理。目前，高校开设的会展专业课程的内容大多是基于其他相关学科的理论，将其原理和公式在会展课程上进行应用和推广，教学过程中以叙述性讲解为主。这就要求学生在理解的基础上进行思考和记忆。

三、多媒体课件对提高会展教学效果的作用

（一）提高教学信息的传递效率

在课堂开始前，教师在备课的过程中已经准备好了多媒体课件，并且根据课程内容把包括文字、图片、声音、动画等大量的教学资料整合在课件当中。在课堂上，教师只需要点击鼠标把课件内容展示在投影上，而不再像以前一样用粉笔在黑板上现场板书。因此，多媒体课件的使用把传统上一些需要板书的内容提前设计好，节省了一些不必要在课堂上浪费的时间，增加了在一定时间内可传递的教学内容含量，大幅度地提高了教学信息的传递效率。尤其是在会展高等教育中，由于专业课程种类繁多，每门课程的课时数非常有限，所以采用多媒体课件进行教学能够保证在有限的课时内讲解到更多的课程内容，为学生提供更多专业知识，有利于学生掌握全面的知识结构。

（二）增强学生的学习兴趣和积极性

随着计算机多媒体技术的发展和应用范围的扩大，多媒体教学的形式越来越多样化。在现代化的多媒体教学课件中，声音、动画、视频图像等形式的教学资料已经屡见不鲜，突破了传统的以静态的文字和图片为主的教学内容展示形式，使课程内容的展示更加直观、形象，更具有吸引力。多媒体教学课件声像并茂的特点，扩大了学生接受教学信息的视野，将课堂内容从原来的单一刺激转变为多感官的综合性刺激，学生获得的教学信息也更加感性化，更能引起学生的学习兴趣和积极性。在笔者的教学经历中，经常出现学生对静态的文字性内容兴趣不强，但是当播放动态的动画、视频或声音材料时，教室里的学生立刻变得精神起来，将注意力集中在这些教学信息上。

（三）模拟场景，与专业实践相互补充

由于会展专业的实践性很强，在学生培养和课程设置上，各高校都非常重视学生的实践能力，通过课外实践和专业实习提高学生的实操能力。

尽管有课外实践和专业实习，但是由于教学设施有限和专业培养方案等的限制，高等院校提供给会展专业本科生专门的实践训练仍显不足。因此，在课堂中增加学生的实践认知就非常有必要了。但是，传统的课堂实践主要形式是案例教学，通过文字来描述会展活动的现场状况，情景模拟的效果较差。多媒体课件则使用图片、动画、视频等现代化的多媒体展示手段，表现手法多样，展示效果显著，能够更逼真地模拟会展活动的场景，使学生在课堂上就能真切地感受到会展活动现场的状况，进而运用课程中的理论知识对会展活动中的实践问题进行分析。在提高学生对理论知识的理解程度和对现实问题的分析能力上发挥着重要的作用。

（四）有效解决教学中的重点和难点

在课程教学中，经常会遇到比较抽象的概念或理论，此时仅凭教师的讲解会显得枯燥乏味，学生很难通过教师的文字性讲述进行理解。而采用多媒体教学课件，能够把知识点通过形象化的图片、动态化的视频、步骤化的操作演示等方式展现出来，加深学生对相关内容的理解程度。通过制作恰当的多媒体课件，教师在与计算机的互动中，把相关概念和理论在幻灯片中按照先后逻辑顺序一步步地演示出来，不仅有效地体现出了推理的全过程，而且能够在讲解推理过程预留时间和空间，有助于培养学生的逻辑思维能力。在会展专业课程的教学中，由于受到表现形式的限制，许多教学内容只能通过文字的形式展示。随着多媒体技术的发展和多媒体资料的增加，教师可以预先将课程重点和难点设计成图片、动画等形式，丰富了学生理解知识点的途径，使学生能够更容易地理解教学内容，从而取得良好的教学效果。

四、多媒体课件在教学实践中应注意的问题

尽管多媒体课件在提高教学效果上发挥了重要的作用，在高校课堂中得到了普遍使用，但是在使用多媒体课件进行课堂教学中，应当注意以下问题，避免出现因过度依赖而造成的不良后果。

（一）设计适量的教学内容

多媒体教学课件具有存储空间大的特点，在制作课件时，教师通常会把与教学内容相关的所有内容全部纳入到课件中，以保证授课内容的完整性和

丰富性。但是在课堂上，授课时间是有限的，如果教师要把课件中的内容全部都展示出来，就不得不加快讲解的速度，压缩必要的教师板书和学生思考的时间，这样就会导致学生跟不上教师讲解的节奏，从而影响教学效果。因此，在设计多媒体课件的容量时，应当根据教学目的和重点，制作出内容精练、层次分明、轻重有序的课件，并突出重点内容和关键语句进行讲解。

（二）重视师生间的互动交流

多媒体教学课件不仅能够展示课程的主要内容，同时也预先设定了课程内容的教学顺序。因此在课堂上，教师通常会依据多媒体课件来控制教学过程。但是在实施教学的过程中，学生对不同知识点的理解和接受程度是不同的，如果教师严格按照多媒体课件设定的程序来讲授课程内容，忽视台下学生的反应，则可能出现学生急于记录课件内容，而没有时间真正理解内容的情形。教师在使用多媒体课件时，应当主动关注学生的听课效果，多与学生进行互动交流。

（三）保证教师的主导作用

从本质上讲，多媒体课件在课堂教学中属于辅助教学工具，为教学提供逼真的表现形式，拓宽学生的感知空间，而教师在课堂中仍需发挥主导作用。即使多媒体课件制作得再精美，内容设计得也非常完美，最后还需要教师通过一定的授课艺术，根据教学内容和授课对象的特点，用生动的语言和恰当的肢体语言将课程内容展示出来。否则，如果过度依赖多媒体和计算机，教师只是把教材内容通过多媒体技术投影到大屏幕上，那么多媒体技术的优势也难以充分发挥出来，反而会降低教学的效果。

（四）选择恰当的展示形式

在制作多媒体教学课件时，应以教学内容和教学目标为依据，按照教学大纲的要求把需要讲授的内容展示出来，配以恰当的声音、动画、视频等资料提高学生的学习兴趣，并且帮助其加深对相关知识的理解和记忆。因此，多媒体课件的形式是为完成教学目的服务的，应力求简洁有效，不能喧宾夺主。如果在制作过程中过度强调课件的形式，使用了花哨的展示方式，学生的注意力可能会被这些表面形式所吸引，而降低了对教学内容的关注，最终达不到提高教学效果的目的。

五、结论与启示

多媒体课件作为一种现代化的教学手段，通过文字、图片、声像等多媒体方式将抽象的课程内容表现出来，具有提高教学信息传递效率、增强学生的学习兴趣和积极性、补充专业实践、解决教学中的重难点等特点，在提高会展专业课程的教学效果，强化学生的直观感受和理解记忆方面发挥了非常重要的作用，是会展专业教学中不可替代的一种现代化教学形式。

在会展专业课程教学中使用多媒体课件，是教育技术现代化的必然趋势，随着多媒体技术的发展和应用，多媒体课件在课堂教学中的应用越来越普遍。但是在多媒体课件的应用实践中，也存在一些需要注意的现实问题，我们应当根据专业特点和教学目的，充分认识到多媒体课件教学的作用和不足，在发挥多媒体课件教学长处的过程中，重视教师教学技能的提高，把传统教学手段和多媒体教学方法的优势结合起来，更好地服务于会展专业教育和会展专业人才培养。

参考文献

[1] 王起静. 会展经济与管理专业课程设置的实证研究 [J]. 旅游论坛, 2010 (6): 815-821.

[2] 刘艳. 高校多媒体课件设计制作与应用情况现状研究——以湖北地区某高校为例 [J]. 中国电化教育, 2008 (1): 64-66.

[3] 耿建民. 基于课堂教学的多媒体课件设计研究 [J]. 中国电化教育, 2011 (6): 85-88.

会展专业毕业论文选题探讨
——以广东工业大学会展经济与管理专业为例*

陈　原　　刘云贞　　黄丹宇

（广东工业大学经济与贸易学院，广州　510520）

[摘　要] 本文通过对2015~2016届广东工业大学会展经济与管理专业本科学位论文的统计分析，从选题的性质、难度、分量、综合训练、一人一题等方面对会展类本科毕业论文选题现状进行了统计分析，以期从选题角度把握毕业论文的水平与质量，提升毕业论文指导水平。

[关键词] 会展专业；本科毕业论文；选题

一、问题的提出

会展专业本科毕业论文要求学生通过论文的撰写，树立理论联系实际、实事求是的工作作风和深入分析、严谨思考问题的科学思想方法，巩固、扩大和深化所学的专业基础知识，综合运用所学的理论知识和方法，独立分析研究和解决会展经济与相关管理工作中的实际问题。毕业论文是检阅学生对本学科知识掌握的深广度及运用能力的综合性训练，是专业学习的一个自然总结，其质量的优劣是衡量教学水平和质量的重要依据之一。

毕业论文是实现本科培养目标的重要教学环节，选题既是其第一个环节，也是基础环节，是决定其后续环节能否顺利开展的关键，甚至有专家

---

* 作者简介：陈原（1968—　　），湖南长沙人，广东工业大学经济与贸易学院副院长、教授，主要研究方向为食品安全、质量安全管理等；刘云贞（1991—　　），广东汕头人，广东工业大学经济与贸易学院教务员；黄丹宇（1986—　　），广东广州人，广东工业大学经济与贸易学院讲师，主要研究方向为生态旅游、文化旅游和服务性企业管理。

认为，选题是毕业论文工作的龙头和质量起点，选题的质量对毕业论文质量影响很大。所谓毕业论文选题，就是在写论文前，选择确定所要研究论证的问题，或称为"论题"，是关注"写什么"的问题。提出问题是解决问题的前提，因此，选题是开展论文研究的前提，它不是简单地框定一个范围，选择一个角度，或者随意拟定一个问题。一个好的选题能够反映出学生对本专业的学习和关注程度，折射出学生的专业眼光和对问题思考的深度，决定了研究的内容、广度和深度，其正确与否直接关系到论文研究的成败。

本文从选题的性质、难度、分量、综合训练、一人一题等方面对会展类本科毕业论文选题现状进行了统计分析，期望能揭示会展专业毕业论文的特征与培养目标的吻合程度，为会展专业教学改革提供建设性的参考路径以及一些参考性的数据。

二、样本及可观测点说明

广东工业大学 2009 年以经济学专业会展经济与管理方向招收第一批学生，2010 年获批正式以会展经济与管理专业招生，至今已毕业 4 届学生。本文对广东工业大学智能论文系统中会展经济与管理专业（以下简称我院会展专业）2015~2016 届共 154 份本科毕业论文作为分析样本，对其选题进行分析。

根据《普通高等学校本科教学工作水平评估试行方案》（以下简称《方案》），毕业论文评价体系中与选题相关的观测点包括选题的性质、难度、分量、综合训练等，是否达到教学计划对本教学环节所规定的目的。由于《方案》对观测点没有进一步的名词释义，本文结合《中华人民共和国学位条例》要求的毕业论文选题的专业性、新颖性原则，教育部提出的"要把一人一题作为选题工作的重要原则"等和其他学术文献，将各观测点及其具体含义表述如下：

（1）选题性质。主要指题目的来源是否与专业结合紧密，即选题是否贴近本专业的理论和实际。

（2）难度。主要指选题要适合大学本科生的知识结构、研究能力、文献资料和数据收集的难易程度。如果选题的理论性太强，收集资料困难，对研究方法要求较高，就超出了学生的能力，无法完成论文的写作。因此，衡量的指标包括：① 是否是学生知识范围内的选题；② 所需资料是否可以企及；③选题的理论性是否适合本科生；④对研究方法的要求是否适合本科生。

（3）分量。主要指选题是否充分考虑选题所涉及的内容和所需时间，能否保证学生论文工作量适当，在规定的时间内经过努力能完成全部工作。因此，衡量的指标包括：① 工作量是否适当；② 在规定的时间内经过努力是否能完成全部工作。

（4）综合训练。选题是否适合对专业基本知识、基本理论和基本技能进行综合训练和测评，学生能否经历一次严格意义上的学术训练，培养其科学态度、严谨的科学作风、严密的科学思维、培养其基本的科研素质和综合素质，提高分析与解决问题的能力，适当注重了其创新能力的培养。

（5）一人一题。这是为例保证学生独立完成任务，避免相互抄袭。类似的研究问题，可以在论题设计时通过研究视角、研究方法、研究范围等设计出不同的题目，也就是说，题目或副标题上体现出不同的研究视角、研究方法、研究范围等，可以视为另一选题。

三、会展专业毕业论文选题评价

通过对154份毕业论文的统计，我院会展专业毕业论文选题现状如下：

（1）选题性质上，除4篇论文研究乡村旅游、文化创意产业园，与会展行业关联性较小之外，其他均是与会展密切相关的主题，论文题目一般都包含有诸如"会展""展会""展览""展馆""博览会""会议""节事""联赛""赛事"等会展相关关键词。

通过参照文献对会展研究主题的统计分类和频数分析，我院会展专业毕业论文的主题分布较为广泛（见图1），但也呈现有高度集中的研究领域，包括会展产业、会展旅游、会展管理、展会场馆、MICE品牌等选题，占总选题的约70%。虽然文献的分类把展会的不同类型、办展主体、主体活动、展会的支撑条件等几种不同的分类体系掺杂在一起，出现统计概念上的交叉重叠或缺失，本文仍采用此统计分类，主要是为了方便与该文献中我国会展硕士研究生的选题进行对比（见图1），比较结果显示，我院会展专业本科生在会展管理、会展旅游、会展场馆等几个方向上选题频率明显高于研究生的频率，研究更多偏向于会展管理，会展经济研究相对少一些。这也体现了会展经济与管理专业大学本科的学科分类归属于管理学的学科特征。

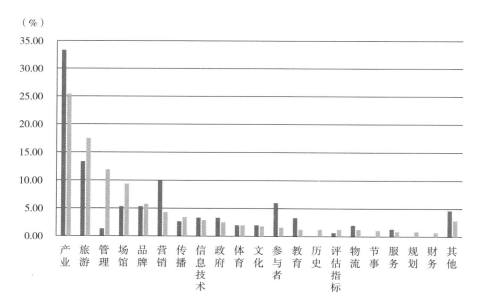

图1 毕业论文主题分布

注：图中深色柱为文献数据，浅色柱为我院会展专业数据。

但从具体的题目来看，选题中不少论题太大、太空、太泛，培养方案中提出的若干诸如"会展行业管理有关方针、政策和法规，熟悉国际会展行业惯例、会展营运流程与管理方法，熟练运用会展管理软件""各类会展活动的市场调研、策划、营销、运营管理等"等会展领域具体问题的相关研究，在毕业论文选题中大多没有涉猎。

（2）在选题难度方面。我们请相关专业教师对154个选题的难度从四个维度打分评测，分数从1分到7分，难度从易到难，通过均值分析，结果为：①"是否是学生知识范围内的选题"均值为6.31；②"所需资料是否可以企及"均值为5.37；③"选题的理论性是否适合本科生"均值为5.54；④"对研究方法的要求是否适合本科生"均值为6.02。

从分值看，选题难度总体上适合大学本科生的知识结构和研究能力。但"所需资料是否可以企及"分值最低，通过与教师的访谈，了解到我国会展行业宏观统计指标和数据均属较为欠缺的状况，展馆面积、每年具体展会的名称、地域分布等情况最近几年才有数据，我国会展研究大多定性较多，定量分析较少，也是学生可获得数据来源少的因素之一。而通过调研、访谈收集数据，在目前的选题太大的情况下，这类数据来源的可操作性较低。

（3）在选题分量两个维度打分评测的均值分析结果为：①"工作量是否适当"均值为5.94；②"在规定的时间内经过努力是否能完成全部工作"均值为6.23。总体上，选题的分量还是较为合理的。

（4）对综合训练的打分评测均值为5.33。这项分值较低的原因，经与教师访谈了解到，由于选题空泛问题较为严重，学生在逻辑思维、学术研究能力、创新能力等方面都没有得到充分的训练，特别是研究方法上绝大多数选题仍停留在定性研究上，定量分析能力较为缺乏。另外，作为理论性较弱的会展专业，在综合训练的形式上，毕业设计可能会比毕业论文更为合适，但我院毕业论文选题中，毕业设计类的基本没有。

（5）一人一题上，我院会展专业毕业论文的选题做到了一人一题，没有重复。

四、提高会展专业本科毕业论文选题质量的建议

（一）对应专业培养目标，对毕业论文课程大纲围绕选题性质进行修订

我院会展专业2014版、2016版人才培养方案中的专业培养目标是：培养系统掌握会展经济与管理的基本理论与知识、专业技能与方法，了解国内外会展行业管理有关方针、政策和法规，熟悉国际会展行业惯例、会展营运流程与管理方法，熟练运用会展管理软件，具有较强的外语表达能力、人际沟通能力及专业文案写作能力，适于从事各类会展活动的市场调研、策划、营销、运营管理等工作的应用型高级专门人才。

而调阅该专业毕业论文教学大纲，其对选题方面的要求体现在其第四部分"基本要求"和第五部分"考核与成绩判定方法"中，对选题的各种要求和描述，对培养目标体现得不够充分，基本不能体现专业性质，所有表述没有任何会展专业特征，而是可以套用于任何经济管理类不同专业，例如，其基本要求第1条"1. 立论客观，并有一定独创性。毕业论文不可凭主观臆想产生，亦不能是一般知识介绍，也不可以是各种现有文字资料

的剪接；在论文写作过程中必须深入企事业单位或政府经济管理部门，了解存在的实际问题，理论联系实际探讨解决问题的途径。"再如，其成绩判定中规定"1. 选题范围。论文选题应围绕社会经济生活的理论与实务等有关方面的课题，并尽可能结合当前经济活动的实际需要。2. 选题要求。（1）有研究价值和实用价值。①能产生良好的经济效益、社会效益；②急待解决或填补空白或纠正通说或批驳错误。（2）有条件研究。能搜集到资料，有教师指导，时间和专业知识上力所能及。（3）有新意。忌题材过于陈旧或重复他人的研究成果，论文需有时代感并尽量紧扣当前实际。（4）结合专业。选题应在所学的专业领域展开。"

因此，课程大纲有必要加强对选题性质方面针对专业性做出更为具体的要求，适当体现本专业的办学特色和专业方向，例如，我校会展专业就有会展策划方向和工业品展示方向，工业品展示方向更适合要求学生完成毕业设计而不是毕业论文。

（二）开拓毕业实习基地，提高选题问题情境和问题意识

建立固定毕业实习基地的模式有两种：一是校外毕业实习基地；二是结合教师科研项目建立的校内科研团队毕业实习机制。前者让学生在企业的实习结合毕业论文的研究，或者结合在具体展会的营销调研、营销策划、经费预算、展示设计等方面的毕业设计，使选题来源于企业现实问题，既可以解决选题太空、太泛的问题，还可以从企业获得数据，提高数据的可得性，这种与实习单位合作层次较高，合作较为深入，最好是有企业导师参与毕业论文的指导。后者通过科研团队集体辅导与个人负责指导相结合的毕业论文培养方式，提高教师对论文的指导力度，拓宽学生选题的广度和自由度还能起到另外两个作用：一是学生授业由单一教师传授变为多教师传授、单一教师负责的方式，增加了学生向多位教师学习的机会，有利学生成长；二是同一团队的学生在一起，有利于学生之间对选题的相互交流，取长补短，共同成长。导师还可结合学生实习或就业方向，选择相应的毕业论文选题。这些都可以提高选题的问题情境和问题意识。

（三）强化导师责任心，规范毕业论文开题环节

毕业论文设计对指导老师依赖性强，选题不规范等问题与导师的前期指导有直接关系。前述选题与专业有差距的 4 篇论文均为同一导师指导，因

此，提高选题与专业的关联性，需要加强对个别导师责任心的培养。

另外，我院毕业论文没有开题环节，缺乏导师团队对学生论文选题的审核，学生也因此缺乏对论题听取多方意见的机会。开题报告是研究生论文中的一个极为重要的环节，但在本科毕业论文中很少正式展开。开题是学生根据导师下达的课题任务，学生查阅导师指定的参考资料和相关文献，在深入消化资料的基础上，厘清论题相关领域已有研究在研究内容、观点、研究方法等方面的情况，找到自己论题的研究切入点，并提出比较详细的技术路线和研究方法；一般包含文献综述、外文翻译和开题报告等几部分的内容。由于学生对所做的毕业论题不太熟悉，学生通过查阅文献、写作文献综述的过程，熟悉课题的相关内容。开题要求学生以演示 PPT 文稿的形式向本组老师和同学陈述自己毕业设计课题的背景、技术路线、实施计划等相关内容，这是一个将思考的东西正式地讲出来和写出来的过程，对原来所思有升华的意味，其间加入了逻辑的创造过程，由此，学生对论题有更深刻理解与认识；然后由老师对论题的专业性质的符合度、难度、工作量、研究方法的可行性、理论基础、数据的可得性等方面做出判断，提出修改意见。因此，开题的另一个重要意义在于听取各方意见，完善论文的设计方案。

参考文献

[1] 叶岗. 文科专业本科毕业论文选题的"一体两翼" [J]. 绍兴文理学院学报，2006, 26 (12): 25-27.

[2] 曾银娥, 厉敏萍. 对经管类专业本科毕业论文选题的思考与分析 [J]. 金融教育研究，2012, 25 (3): 85-88.

[3] 张煜. 高校文科本科毕业论文选题研究 [J]. 郑州航空工业管理学院学报（社会科学版），2011, 30 (3): 182-185.

[4] 王保训, 李萌, 蔡礼彬等. 从硕士论文选题分析会展经济的研究——以 2002～2012 年 CNKI 硕士学位论文为例 [J]. 边疆经济与文化，2014 (3): 35-37.

[5] 李旺林, 尹志远. 理工科本科毕业实习与毕业论文实践环节中存在的问题及改进 [J]. 科教导刊（中旬刊），2014 (11): 28-29, 31.

[6] 艾元方, 蒋绍坚, 张全等. 本科毕业论文设计开题的实践及效果 [J]. 高教论坛，2006 (6): 68-70, 76.

论可持续活动管理*

肖　璇

（广东财经大学，广州　510320）

[摘　要] 节事活动由于其高关注度和临时性的特性，对社会、经济和环境有着重大的影响。本文梳理了可持续活动管理的定义，分析其内涵和必要性，介绍了相关的主要国际标准和测量工具，并提出推行可持续活动管理的途径。

[关键词] 可持续活动管理；国际标准体系和测量工具；途径

随着综合国力的发展，我国组织和承办的节事活动越来越多，其规模和档次也有了长足的发展。特别是北京奥运会、上海世博会、南京青奥会的成功举办，把节事活动的规模和影响推向了一个新高潮。此外，节事活动对社会、经济和环境的积极和消极影响也日益明显，受到政府和舆论的普遍关注，可持续节事活动管理势在必行。

可持续活动管理，又称为"绿色活动管理"或"负责任的活动管理"，本文将其定义为：基于环境保护、经济发展和社会进步的宗旨进行活动管理，将可持续发展的理念融入活动策划、组织、实施与参与的全过程，并与所有活动相关者（包括活动的参与者、主办方、场馆经营者、承包商等）达成共识。

一、可持续活动管理的必要性

节事活动具有高关注度、高能耗和临时性的特性，对社会、经济和环

---

* 作者简介：肖璇，（1976—　），女，汉族，江西吉安人，广东财经大学地理与旅游学院讲师，硕士，主要研究方向：旅游管理、旅游文化。

境有着重大的影响（见表1）。

表 1　节事活动的影响①

	积极影响	消极影响
社会方面	➤ 促进区域开发与建设 ➤ 宣传推广的长期收益 ➤ 增强当地居民的自豪感 ➤ 促进社区发展 ➤ 增加就业机会	➤ 基础设施在节事活动之后可能造成闲置和浪费 ➤ 对主办社区常规经济活动的干扰 ➤ 当地居民在活动期间可能被迫大批离去 ➤ 对主办社区生活方式的破坏 ➤ 媒体的冲击 ➤ 导致社区居民的冷漠与抵触 ➤ 治安威胁 ➤ 财富分配不平等
环境方面	➤ 引起对环境问题的关注 ➤ 促进对荒地的开发 ➤ 在长期上有利于区域保护	➤ 对场地或主办社区造成短期或长期的破坏 ➤ 增加废弃物与污染 ➤ 增加噪声污染 ➤ 导致交通拥挤与堵塞 ➤ 导致能源需求紧张与自然资源消耗加剧
经济方面	➤ 带动直接或间接的消费 ➤ 区域重建带来的房地产升值 ➤ 刺激商贸发展 ➤ 促进区域发展，增加基础建设支出 ➤ 节事活动产品的扩展效应	➤ 节事活动举办失败给当地甚至国家造成的经济损失 ➤ 造成产品与服务等物价膨胀 ➤ 财富分配不平等

　　由此可见，若缺乏可持续发展的理念，只片面地追求眼前的利益，不但节事活动本身的发展后劲不足，还会对社会、环境和经济产生不良影响，其后果不容忽视。此外，在可持续发展的大背景下，许多国际活动纷纷要求申办者、承办者和供应商必须通过可持续活动管理标准的认证。因此，进行可持续活动管理对我国的会展业有着至关重要的经济意义和现实意义。

二、可持续活动管理的内涵

　　具体来说，可持续活动管理应有以下三方面的内容：

---

　　① 资料来源：L Dwyer. Economic Impact of Sport Events：A Reassessment，Tourism Review International，2006，10（4）：207-216。

环境方面：可持续活动管理应在活动策划、组织、实施以及参与的全过程始终贯彻环保理念，确保活动的任何环节都不损害环境系统的更新能力；需要重点关注的环节有绿色采购、废弃物管理、能源利用、水资源利用、降低废气排放与生物多样性保护等。例如，Live Earth 音乐节活动①在业内受到了很高的评价，它提出了可持续活动管理的七个关键点，如表 2 所示。

表 2　Live Earth 音乐会可持续管理的关键点②

生产制造	➤ 使用带有环保标志和本地生产的材料 ➤ 使用不含化学成分的清洁产品 ➤ 使用可回收纸张
餐饮供应	➤ 使用本地食材以减少食物的里程 ➤ 供应可多次使用的水杯和水瓶 ➤ 食品的包装盒使用可降解材料
营销与商业推广	➤ 使用可回收纸张与纯植物油墨 ➤ 选择环保材料制作的商品 ➤ 尽可能地使用符合公平贸易原则的材料 ➤ 避免包装，减少使用塑料袋
废弃物管理	➤ 使用无纸门票 ➤ 将资源回收桶放置在显眼和人流量大的地方 ➤ 为食品供应商提供便于他们回收的材料，如单独设立剩饭箱
能源管理	➤ 使用节能设备，如 LED 照明灯具 ➤ 及时关闭不需要的设备 ➤ 审查所有能源使用的情况，查找高能耗的单位或环节
水资源管理	➤ 使用可堆肥的厕所或旱厕 ➤ 使用小流量的淋浴头或水龙头 ➤ 提供免洗的消毒液
交通	➤ 使用穿梭巴士运送人们到场 ➤ 各活动利益相关方按比例分配停车配额 ➤ 在场地内来回走动时使用单车

---

① Live Earth 是 2007 年举办的一系列音乐节事活动，在伦敦、悉尼、约翰内斯堡、东京、纽约、上海等大型城市巡回演出，旨在通过娱乐活动增强民众的环保意识。

② 由 Live Earth 的官方网站 www.liveearth.org 资料归纳而成。

经济方面：可持续活动管理应依靠科技与管理水平的进步，通过科学的经济增长方式来提高经济效益。此外，还需要重点关注对当地经济的促进，如通过采购本地产品、为当地居民提供培训并创造工作机会等举措，让主办社区也能分享到经济增长带来的福利。目前，衡量活动经济影响的手段有三种：成本效益分析、投入—产出模型分析和可计算一般均衡模型（CGE）分析。例如，根据 2012 年新西兰政府发布的经济方面云评价报告（Economic Evaluation Outcomes Meta-evaluation Report）①，2010 年 2 月至 2012 年 4 月举办的 18 个大型活动中，新西兰政府共投资 720 万美元，产生了 3210 万美元的净收益。除了短期的经济增长，政府的投资还带来了许多长期收益，如沃尔沃海洋赛跑（2011）为中途站点城市奥克兰的航海业带来了就业机会和 GDP 增长等。

社会方面：可持续活动管理还应重视活动的社会效益，需要重点关注财富分配的公平、维护社会治安、保护当地文化、减少对主办社区的冲击等。Small 等学者提出了社会影响感知（SIP）的测量体系②（2005），并将该体系中的指标归为六个方面：（给社区带来的）不便、社区认同与凝聚力、个人的挫折感、娱乐与社交机遇、社区成长与发展、行为影响。此外，Arcodia③、Hede④ 和 Deery⑤ 等学者又相继提出用社会资本理论（2006）、利益相关者理论（2007）和社会交换理论（2010）等来衡量活动的社会影响，以确保活动能尊重、保持和发展当地社区及其文化。

由上可见，可持续活动管理的内涵由环境保护、经济发展与社会进步这三大支柱构成；三者相互作用、相辅相成，缺一不可。

三、可持续活动管理的主要国际标准和工具

到目前为止，可持续活动管理相关的国际标准和测量工具有三十余种，

① 资料来源：https：//www. beehive. govt. nz.

② Small K，Edwards D and Sheridan L. A flexible framework for evaluating the socio-cultural impacts of a small festival [J]. International Journal of Event Management Research，2005，1（1）：66-77.

③ Arcodia C and Whitford M. Festival attendance and the development of social capital [J]. Journal of Convention and Event Tourism，2006，8（2）：1-18.

④ Hede A M. Managing special events in the new era of the triple bottom line [J]. Event Management，2007，11（1-2）：13-22.

⑤ Deery M and Jago L. Social impacts of events and the role of anti-social behaviour [J]. International Journal of Event and Festival Management，2010，1（1）：8-28.

其中影响较大的如表 3 所示：

表 3　可持续活动管理的主要国际标准和工具

文件英文名称	文件中文名称	制订出版方	关注点
ISO20121	ISO20121[①]	国际标准组织 ISO	专门针对节事活动制订的，目标是改善项目活动的组织者、活动地点和活动供应链上的可持续性管理，包括项目和活动给利益相关方带来的环境影响、社会影响以及经济影响
Global Reporting Initiative (GRI) G3 Reporting Framework Events Sector Supplement：2011	全球报告倡议组织（GRI）的 G3 报告框架下节事活动部分的补充（2011）	全球报告倡议组织 GRI	GRI 的报告旨在提供一个普遍为人们所接受的企业社会责任报告框架，作为汇报一个机构的经济、环境及社会绩效之用。关于该报告框架下节事活动部分的补充，强调了企业节事活动应披露的经济绩效、环境绩效、劳工措施及合理工作绩效、人权绩效、社区和产品责任等
BS8901 Sustainbility in Event Management	BS8901 活动管理的可持续性标准	英国标准协会 BSI	为活动产业的各相关方指定可持续标准
Sustainable Events Guide	可持续性活动指南	英国环境、食品与乡村事务部	协助政府部门策划可持续性活动的指南
Event Impacts Toolkit	活动影响（测量）工具	英国体育部、英国旅游局、苏格兰活动组织委员会、伦敦发展署等	为活动策划者提供规范指南，并辅助其测量与监控活动的经济、环境与社会影响
Encore Festival and Event Evaluation Toolkit	安可节事与活动评估工具	澳大利亚可持续旅游合作研究中心	用于测量各种类型与规模的节事活动经济影响的工具；此工具包还包括用于测量环境与社会影响的模块

---

① 中国现行的《GB/T 31598-2015 大型活动可持续性管理体系》是该标准的中文版本。

续表

文件英文名称	文件中文名称	制订出版方	关注点
Sustainable Events Guidelines	可持续活动指南	澳大利亚塔斯马尼亚环境保护局	提出了针对活动对环境和社会造成的负面影响进行管理的主要观点和检查清单
A Greener Festival	绿色活动（指南）	绿色活动组织[①]	为艺术和音乐节事中可持续典范颁奖，致力于推行绿色节事
Yourope Clean'N'Green Award	欧罗巴清洁绿色大奖	欧罗巴协会[②]	为音乐节事活动提供环境保护指南
APEX/ASTM Environmental Sustainable Events standards	APEX/ASTM 环境可持续性节事活动标准	ASTM 国际组织[③]	其具体内容分为住宿、影音播放与制作、交流与营销、目的地、餐饮、会场、展品、现场管理、交通九个方面；每一类细分标准下设八类亚指标：①员工管理与环境政策；②交流；③废弃物管理；④能源利用；⑤空气质量；⑥水资源利用；⑦采购；⑧社区合作

这些活动可持续管理的标准和指南主要是源于政府主导（如英国环境、食品与乡村事务部制订的可持续活动指南），也有行业驱动（如欧罗巴协会推出的欧罗巴绿色大奖）或由活动场馆与非营利组织提出（如绿色活动组织提出的《绿色活动指南》）。它们为可持续性活动的策划与实施提供了指引。

四、推行可持续活动管理的思考

关于推行可持续活动管理的途径，本文做出了如下思考：

第一，推行可持续活动管理的主体，应包括各活动相关方，即活动主办方、政府相关部门、场馆经管与所有者、土地经营与所有者、社区、志愿者、媒体等。活动各相关方应就可持续发展达成共识，通力合作；同时

---

① 为提高艺术与音乐节事活动的可持续性而成立的非营利性组织，其主页为：http://www.agreenerfestival.com/。

② 是一个欧洲节事活动协会，其主页为：http://www.yourope.org。

③ ASTM 官方网站为 http://www.astm.org。

也应确保它们都能从可持续活动管理中受惠。可通过资金支持或政策倾斜的方式扶持一批有效推行可持续管理的节事活动品牌和企业，在资源整合、信息共享的基础上进行有序竞争。

第二，推行可持续活动管理，政府应尽快出台一套行之有效的评估体系，综合运用规划、法制、行政、经济等多种手段，充分发挥行业协会的作用，强化其业务指导和服务功能。例如，新西兰政府专门设立了大型活动开发基金（The Major Events Development Fund，MEDF），以表彰那些能带来长期经济收益、提供商业机遇、促进体育与艺术事业发展、增强当地民众与国民自豪感、促进当地基础设施建设的大型活动，并构建了云评价（meta-evaluation）系统。

第三，筹拨专项基金，建立和完善可持续活动管理的基础设施公共服务平台，通过组织论坛、举办研讨会、出版书籍和宣传资料、举办培训和讲座等形式推进活动的可持续管理进程。加强行业协会与专业团体的参与深度。

第四，启动知识普及支持系统、运行服务支持系统、专家库支持系统等，整合媒体、学校、研究所、科技馆等各方面的力量，为可持续活动管理教育大众、培育人才，以稳定、切实推进活动的可持续管理进程。

参考文献

［1］ L Dwyer. Economic impact of sport events：A reassessment ［J］. Tourism Review International, 2006, 10（4）：207-216.

［2］ Small K., Edwards D. and Sheridan, L. 2005, A flexible framework for evaluating the socio-cultural impacts of a small festival ［J］. International Journal of Event Management Research, 2005, 1（1）：66-77.

［3］ Arcodia C. and Whitford M. Festival attendance and the development of social capital ［J］. Journal of Convention and Event Tourism, 2006, 8（2）：1-18.

［4］ Hede A. M. Managing special events in the new era of the triple bottom line ［J］. Event Management, 2007, 11：13-22.

［5］ Deery M. and Jago L. Social impacts of events and the role of anti-social behaviour ［J］. International Journal of Event and Festival Management, 2010, 1（1）：8-28.

理论观点

泛珠区域会展产业及人才培养合作模式创新*

梁文慧

（澳门城市大学，中国澳门　999078）

[摘　要] 本文通过对泛珠区域会展合作的现状分析，针对泛珠三角区域在会展经济合作与发展中存在的会展产业发展迅速，但优质会展专业人才较为缺乏等问题及不足，提出了包括整合业界及教育界的优势资源，创新培养会展人才在内的提升对策。

[关键词] 泛珠区域；人才培养；创新

一、澳门会展业发展态势分析

（一）发展会展业是澳门的必然选择

会展业是具有极大关联和带动作用的产业，对于区域发展具有十分重要的意义。为此，世界各国政府对于会展业的发展都十分重视，并愿意投入大量的资源去发展会展业。从这个角度来看，澳门特区政府对于会展业的关注、支持与投入就显得十分合情合理。

中央政府对于未来澳门发展的定位是：打造世界旅游休闲中心。澳门经济产业的适度多元化是打造世界旅游休闲中心过程中的重要环节，而会

---

　　* 作者简介：梁文慧（1968—　），女，中国澳门人，澳门城市大学副校长，教授，博士，博士生导师，研究方向为旅游管理和旅游教育。

展业能够成为重要的产业之外，也能够引入和带动更多的新兴产业部门，是一个很好的突破口。特别是目前，澳门博彩业正在内外环境的压力下，呈现出收入不断下降的趋势，这更加强化了人们对于博彩一业独大风险的认知与判断，同时也推动了以会展业为代表的非博彩业的快速成长。

（二）澳门会展业的优势与基础

澳门作为世界上自由度较高的特别行政区，在经济发展的环境和氛围方面拥有较为显著的优势。如2014年国际著名投行穆迪公司发布报告，将澳门的资信评级定为Aa2，这是国际投融资的第三高等级，表示有关投资属"优质"和"风险极低"，依据是澳门具有"三高一低"的优势，即在"经济实力"（Economic Strength）、"制度实力"（Institutional Strength）与"政府财政实力"（Government Financial Strength）三项获得"very high（+）"的评级，在"突发事件风险的影响程度"的评级是"low（-）"。可见，国际知名投行对于澳门的经济发展前景持较为乐观的态度。与此同时，澳门作为国际会展目的地正逐步获得人们的认可。如国际会议协会（ICCA）发布2014年的国际协会会议市场年度报告中，澳门在亚太地区会议市场中的排名也呈现出不断上升的趋势，排名第二十位。

另外，澳门还拥有较为明显的区位优势。除了泛珠三角这个市场规模巨大的腹地和CEPA协议外，澳门一直以来都是海峡两岸暨香港、澳门交流的中介区域和平台，同时也是中国内地与葡语系国家经贸和文化往来的重要平台。近年来随着中国内地新区的不断设立，澳门也紧邻数个中国新设立的国家级新区，如横琴新区、南沙新区、前海新区等，区域协同的发展优势逐步显现。

（三）澳门会展业发展的趋势与特点

如图1所示，根据澳门统计暨普查局提供的资料，澳门会展业的发展总体呈现出波动上升的趋势，特别是在展会活动的数量方面，2015年澳门举办的会展活动达到909个，创造了近年来澳门会展活动数量的新高度。与此同时，参与展会的人数也体现了较为明显的增长趋势。

与其他地区相比，澳门会展业的发展也具有较为独特之处。首先，会展业与博彩业之间形成了较为良好的互动关系。会展业与博彩业之间并非是会展业依赖博彩业的问题，它们之间更多的是互动发展的关系。例如，

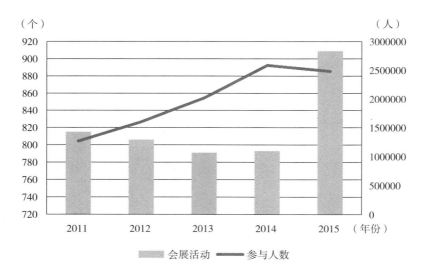

图1 2011~2015年澳门会展活动与展会参与人数

在发展环境方面，会展业的发展有利于淡化澳门的赌城形象，能够吸引更为多元化的客源来澳门观光和从事商务活动。而博彩业的发展，也为澳门会展业提供了很好的市场机会和展会选题，如G2E Asia就是如此。再如，在发展的设施方面，博彩业的快速发展，为澳门会展业的发展提供了较为优异的场馆环境，而会展设施的加入，让原来单一的博彩场馆变得更为多元，功能上更利于拓展。此外，在市场拓展方面更加凸显了博彩业和会展业之间的互动发展。两者之间的联合发展有助于澳门拓展客源。如博彩业的发展带来众多的潜在会展观众。而会展业的发展又为博彩业提供了较为优质的客源。两者的发展在这个平台上，相得益彰。

其次，澳门也拥有较具有活力的会展行业协会。澳门展贸协会和会议与展览业协会除担任行业发展自律与协调的桥梁外，还积极配合政府之工作，在展会活动项目策划与组织、展会活动基本资料收集与统计以及推动人才培养的产学合作等方面都发挥了显著的作用。

最后，澳门会展业的快速发展也离不开特区政府的战略式投入。在不同的发展阶段，推动澳门会展业以适当的方式发展。如早期，政府在博彩业的发展中，通过政策引导，引入了会展业及相关设施的投资，为澳门的现代会展业的发展打下了坚实的基础。其后，特区政府又陆续通过直接参与到提供资助等方式，不断推动澳门本土展会活动和奖励旅游的发展，成功地激发了市场活力。现阶段，特区政府则将本地会展企业的做大做强以及提升竞争力作为核心之关注焦点，实现澳门会展经济的快速全面发展。

二、泛珠区域会展合作的现状分析

（一）泛珠三角地区会展产业集群正逐步成型

泛珠三角区域"9+2"，其中内地9省区的区域面积为全国的1/5，人口占1/3，经济总量占1/3，再加上香港和澳门两个特区，使得泛珠三角在全国的地位十分突出。这一区域所建立起来的共生共赢型经济体系，将成为中国未来经济发展的高速增长极。

同时，在中国会展业的发展中，泛珠三角各城市也占据着较为重要的位置，并且珠三角会展业正以产业集群式的形态进行发展。以广东省为例，从地理空间上看，会展业逐步形成了以广州这个"核心"为起点，深圳紧随其后的"广深线"，而东莞、惠州的加入，则形成了"珠三角东线"，并延伸到香港。以中山、珠海为代表的"珠三角西线"也应运而生。上述会展经济发展的东线和西线集群，共同构成珠三角地区会展经济发展的核心地带。

（二）泛珠区域会展合作正深入化和系统化发展

随着泛珠区域发展的不断深化与融合，国家和地区也相继出台了重要政策，如2004年自《泛珠三角区域合作框架协议》在广州签署以来，在过去的10多年间，泛珠区域之间的合作不断稳步推进。2016年由国务院正式印发了《关于深化泛珠三角区域合作的指导意见》更是从不同领域强化了泛珠区域深化合作的方向和原则。在会展领域，泛珠区域合作更是取得了较为可喜的成绩。

泛珠成员在会展领域已经形成了以区域会展行业协会为依托的区域会展合作体系，建立了泛珠三角城市会展合作联盟，并探索出了"三四五"合作新模式，即企业资质、人才职称、诚信档案三个互通，资质、信息、人才、服务四个共享，以及五个共建（共同创建国际化、专业化的会展品牌；共同创建异地会展业合作绿色通道；共同创建区域会展信息平台；共同创建区域人才培训交流基地；共同创建区域诚信市场）。在泛珠三角各省会展业界人士的参与和带动下，澳门品牌会展项目也不断升级发展，如澳门国际贸易投资展览会（MIF）、澳门国际环保合作发展论坛及展览（MIECF）等都不断发展壮大。

三、泛珠三角会展经济发展中存在的问题

会展经济作为现代服务业，既是泛珠三角经济转型的重要产业部门，同时也是澳门实现经济适度多元化发展的重要经济形态。然而，在目前的发展过程中，泛珠区域会展经济发展呈现出以下的问题：

（一）展会数量增长较快，但国际知名会展项目缺乏

从展会数量上来看，2015 年全国共举办 2612 个展览会，比 2014 年增加约 7.8%，比 2012 年增长约 27%。华南地区 2015 年共举办 387 个展览会，约占全国市场的 15%，居全国第三位。华南地区经贸类展览会总面积约 1610 万平方米，约占已知全国展览会总面积的 21%，位居全国第二。

从泛珠三角重点城市的发展来看，广州市 2015 年共举办 197 个展览会，约占全国展览会总数量的 8%，居第三位；深圳举办 100 个展览会列第四位。但是，从品牌展会的数量来看，仍然有较大的发展空间。如在广州举办的展会中，UFI（国际展览联盟）认证的展会数量仅为 15 个。

同样的情况也出现在澳门会展经济的发展方面。会展经济被作为澳门经济适度多元化发展的重要产业部门进行培植，经过近几年的发展，2015 年澳门共举办各类会议和展览数量 909 个，尽管项目数量相对澳门的区域面积较为可观，其中能够被称为国际知名展会项目不多。为此，加快培养或引入知名展会项目对于提升会展经济的影响力十分必要。

（二）会展产业发展迅速，但优质会展专业人才较为缺乏

由于我国会展业起步晚、发展快，很多从业人员都是从会展业相关行业转行而来，他们具有丰富的实践经验，但是缺乏专业系统的理论基础和技能。会展发达国家的实践表明，优秀的会展项目经理要具备扎实的理论基础（一般要求大学学历）和丰富实践经验（至少拥有 10 年以上从业经验）。相关数据显示，泛珠三角地区高校最为集中的广州市，2011 年以会展策划与管理专业或者相关专业方向进行招生的高等院校有 15 所，除广州大

学等四所高校外，其他高校多数开设于 2008 年之后。根据 2008~2011 年各高校招生人数统计，每年会展以及相关专业培养的人数约 500 人。而举办一个大型的展会需要的专业人才为 80~90 人。与会展行业内人才数量的巨大缺口相比，会展人才的供给明显不足。由此可见，泛珠三角地区会展人才的培养与会展产业发展之间的协调度还有待进一步提升。

（三）会展城市发展较为顺畅，但区域整体合作机制有待成熟

目前，在各方的努力下，粤澳（广州和澳门）在会展经济发展中已经有了阶段性的成果，例如，粤澳共同制定了会展区域合作的目标和方向，相互之间也建立了互访交流的机制，并付诸实施，同时，在合作办会办展等方面也有了初步的尝试。但是，到目前为止，尚未形成较为系统、完善以及成熟的会展产业发展的合作机制。特别是缺乏一个从会展产业定位到展会项目策划设计，从展会安排的协调配合到人力资源联合培养的全方位、系统化的合作机制。

（四）会展的区域发展不均衡，无法形成整体优势

增长极的发展模式是区域经济发展中较为基础和较为常见的模式之一，即在区域经济的发展过程中，根据资源的先天优势和政策引导，形成若干具有较强竞争力的经济发展的极点，以这些极点来带动周边地区的发展，从而最终形成区域均衡发展的局面。泛珠三角区域中，核心城市在会展经济发展方面的成长性存在不均衡性。

从珠三角会展经济的发展情况来看，如前所述，珠三角会展经济发展的东线与西线存在较为明显的不均衡状态。如东线的城市中，广州、深圳以及香港都为具有较高影响力的会展经济极点城市，反观西线的城市中，并没有出现具有较高影响力的会展城市。再如，根据广东省统计局的资料，2012 年东线城市的旅游外汇收入为 18.74 亿元，是西线城市的 3.5 倍。由此可见，在珠三角会展经济西线的发展上，相对还较为落后，从均衡发展的角度来看，应该在西线的区域合作发展方面多做文章，特别是在广州和澳门的会展合作发展方面应投入更多的精力和资源。如果将目光放到泛珠三角区域，这种区域发展不均衡的状态则更为明显。为此，区域会展业的均衡快速发展有赖于开展更为紧密的区域合作。

四、泛珠区域会展产业及人才培养合作模式创新思考

针对上述泛珠三角区域在会展经济合作与发展中存在的问题及不足，区域内的主体应该从长远发展的战略角度着眼，以推动区域会展经济均衡发展为目标，充分挖掘和利用自身的优势，通过充分的沟通与创新协作来实现共赢发展的目标。

（一）成立泛珠三角地区会展合作的常设协调机构，制定合作规划

随着泛珠地区会展经济的不断发展，以及会展活动数量的日益增多，在会展合作时，应该在组织方面以及制度方面提供相应的保障。为此，建议泛珠地区的会展业界以及学术界，在充分交流的基础上，成立区域会展产业深度合作的常设协调机构。常设机构的成立将有助于形成区域内部经常性和系统性的会展合作信息交流。

同时，也建议能够从战略发展的角度，制定泛珠区域会展合作的战略规划，从而保证在未来一段较长的时间内，区域内会展经济的发展与合作，能够有共同的理念、目标、途径与策略。

（二）利用现有区域品牌展会的强大影响，实现展会互补合作

通过国际展览联盟（UFI）的网站可以查询到，广州现时获得 UFI 认证的国际知名展会有 15 个，而号称中国第一展的中国进出口商品交易会更是在全球范围内享有极高的声誉。同时，泛珠三角区域的其他省份也都有自己具有代表性的展会活动，如福建省厦门举办的中国国际投资贸易洽谈会，以及涉及海峡两岸的系列展会，已经成为福建省品牌化的展会活动。广西南宁举办的东盟博览会等也已经成为国际上知名的展会项目。澳门也拥有国际贸易投资展览会（MIF）、亚洲博彩业博览会（G2E Asia），以及澳门国际环保合作发展论坛及展览（MIECF）三个获得 UFI 认证的展会。为此，泛珠区域成员之间可以充分利用各自优势展会品牌资源，在客源共享、优化服务、丰富行程与活动安排方面做出创新的设计与合作安排。

此外，可以考虑共同向国家商务部提出，希望其能够支持泛珠区域中多城市联合承办某些国际知名展会。可以借澳门的财力和内地城市的办展经验，以及较为健全和完善的采购商信息网络，协助澳门进一步提升贸易

投资类展览会的影响力等。还可以将相关展会设计为一站多程的形式，让泛珠三角洲地区的参展商和与会者能够到不同的城市进行参访和采购。

（三）整合业界及教育界的优势资源，创新培养会展人才

优秀会展人才的培养是会展业持续发展的关键，也是未来泛珠三角地区会展合作的重要一环。泛珠三角洲地区的城市应该在会展业人才培养方面加强合作，借助各自的资源优势创新培养优质的会展人才，以适应未来不断增长的人才需求，打造中国以及亚太地区的会展人才高地。

在具体的合作形式上，可以考虑以下模式：

（1）推进会展人才的区域交流与流动。由于泛珠三角地区的城市既有境外特别行政区，也有国内经济发达的一线城市，也有中西部地区的城市，为此，应该构建一种机制能够推动会展人才在不同经济发展水平城市间流动。如设立会展专才的特别引入机制，为会展领域中的专家和优秀人才提供绿色通道，在户籍管理、出入境管理等方面进行制度创新探索。让境外特别行政区成为海外会展人才引进的重要窗口，让区域内部一线城市成为人才集聚和扩散的重要枢纽，让区域内的二、三线城市能够通过项目的关联，获得人才在区域内流动带来的知识的分享。

（2）推动区域会展人才的资质认证一体化。由于区域中经济发展水平以及文化都具有差异性和多元化，为此，泛珠区域在会展人才培养方面，也可以充分借鉴海内外的各种经验，由区域会展业发展的协调机构出面，组织各地的业界人士和专家学者，尝试构建会展人才的专业资质认证体系，从而指导相关人才培养机构针对性地培养出行业需要的优秀人才。

（3）大力推进产学研的全面合作，培养应用型人才。会展人才的培养应该从理论基础、实践能力、国际视野等方面来进行。因此，在会展人才培养方面，应该跳出企业、行业、区域的条框限制，真正找到各地区、各部门的优势所在，通过产学结合的方式实现人才的全面培养和素质提升。因为澳门拥有国际化的视野、全球化平台、强大的会展服务业实力，以及获得国际认证的会展旅游教育资源。若能够与会展业界以及教育界建立合作管道，为区域的会展人才提供教育、培训以及提升等服务，必将能够快速提升会展从业人员的素质，通过资源互补共享，有条件共同打造成为具有影响力的会展人才培训中心。同时，内地也拥有多元化的展会实践平台，在境外完成学业的学生也可以在澳门及泛珠三角的其他城市开展实习和实

践，从而获得更为实战性的体验和提升。如澳门展贸协会就与澳门城市大学国际旅游与管理学院合作开发了澳门会展大使培训项目，为对会展产业有兴趣的澳门青年和社会人士提供会展培训机会，旨在通过课程学习以及参与会展行业实践，鼓励和培养更多年轻人加入会展行业，为澳门会展业提供优秀创新人才。该培训计划还得到了珠三角城市会展联盟的认同和积极响应。在启动礼上，珠三角城市会展联盟成员也一并签署了覆盖珠三角各会展城市的"会展大使"培训计划，希望以此加强和推动内地与澳门在会展教育和人才培养方面的互动与合作交流。该培训项目在内外联动和合作方面取得了较为理想的成绩，预计将培养 500～600 名优秀会展大使。未来，希望区域内能够涌现出更多此类人才培养之模式创新，通过企业、行业、社会、教育机构的共同投入，提升会展人才培养的绩效。

参考文献

［1］王锦珍. 中国展览经济发展报告（2015）［R］. 北京：中国国际贸易促进委员会，2015.

［2］张静. 广东省会展人才需求现状分析及开发对策［J］. 价值工程，2014（2）：185−186.

从展览的市场化转型角度谈学校会展人才培养及就业问题[*]

李艳芬　　张俐俐

（广州涉外经济职业技术学院，广州　510540）

[摘　要] 2016 年是我国会展业向市场化转型的重要一年。为此，本文综述了我国会展业市场化转型的背景以及我国会展人才培养就业的现状，提出了会展市场化转型的"四化"以及会展人才培养市场化转型的基本路径，同时也总结了会展市场化转型给会展业和会展人才的培养与就业带来的机会与挑战。

[关键词] 会展业市场化转型；会展人才培养转型；基本路径；就业机会

一、展会活动市场化转型的背景

2015 年 4 月，国务院发布《关于进一步促进展览业改革发展的若干意见》，同年 10 月，商务部牵头建立促进展览业改革发展部际联席会议制度，展览业作为发展现代服务业的重要组成部分，正成为各级政府转方式、调结构的重要抓手。行业协会商会与政府机关脱钩，组展单位市场也面临进一步的整合。《中国展览经济发展报告（2015）》中指出，2015 年展览组展单位中共有 142 个党政机关型组展单位，比 2014 年减少 47 个，约占全国组展单位总数量的 7%。对比 2014 年数据可以看出，国内企业型组展单位和行业协会型

---

* 作者简介：李艳芬（1985—　），女，广东韶关人，广州涉外经济职业技术学院商务学院讲师，研究方向：旅游与会展；张俐俐（1952—　），女，河北阜平人，教授，经济学博士，广州涉外经济职业技术学院商务学院院长。

组展单位总量增长较多，而党政机关型组展单位下降较多，显示各级地方政府和有关部门逐步退出展览市场，更多通过市场手段促进展览业发展。

2013 年 10 月 5 日，国家旅游局正式宣布，已经连续举办了 20 届的中国国内旅游交易会正式取消。这意味着原本由国家旅游局主办的每年两大展会（国内旅游交易会、国际旅游交易会）将仅剩国际旅游交易会一项。2013 年 12 月 10 日，在琶洲会展中心举办的 2013 年会展人年会，是中国高端会展经济论坛中由官办转型为民办的首例。

政府的决策随之而来的是会展市场的活跃发展，出现国有会展企业、民营会展企业、合资会展企业、外资会展企业、会展行业组织等与政府及其办展机构在同一平台上平等合作和竞争的市场局面。

二、我国会展人才培养和就业现状

我国的会展学历教育始于 2000 年 9 月，当时有一些高等院校在某些专业的名下设置了会展的培养方向，之后全国各地陆续设置会展专业，而各大高校和职业院校的会展人才培养重点是培养具有会展业实际操作能力的应用性技术人才。但从用人单位的反馈情况来看，学校培养的会展人才实践能力不高，很难适应企业的发展需求，因而催生了专门的会展培训机构的出现，以展示设计的培训尤为突出，现在不少展装公司都有相应的培训机构，甚至有打造会展界的蓝领培训基地的口号出现。其原因为学校教育机制的不合适。学校教育是根本的、主要的，适应市场化机制的培养制度的出现，才是符合社会发展规律的。

由于我国高等教育体系的先天不足，无法准确把握行业脉搏，尤其是具体到领域内某行业的具体岗位的职业讲师培训更是无从展开。虽然目前较多高校设立了会展专业，但由于实践性不足，致使部分学生在毕业之后仍旧缺乏实际应对能力，不能马上上岗，因而学生从事会展相关领域也有限制。

三、会展市场化和人才培养市场化转型的基本路径——实现"四化"

（一）市场化

（1）展会市场化。市场化是政府主导型展会转型的首要路径，是必走的一步。受众多因素的制约，会展业市场化不是一蹴而就的，而是一个渐进过程。要有步骤、分阶段、分环节实现市场化模式。它包括四层含义：

一是展会由市场导向，办什么样的展会，要不要办，由谁办，如何办，市场说了算，树立"依靠市场"而不是"依靠市长"的理念。

二是按市场规律办展，要研究会展市场供求关系、市场开发和市场营销等基本要求，其中最重要的是展会价格由市场供求决定。

三是通过市场配置展会资源，招展、招商、展会活动的组织以及各种配套服务通过市场配置。

四是市场主体，政府与企业在市场上公平竞争。

（2）人才培养机制市场化。

一是注重市场经济课程的设置和锻炼，培养学生必要的市场认知度和敏锐度，让学生对整个经济发展有着必要的宏观认识和分析能力。

二是做好市场调查，根据目前会展公司需要的人员岗位能力及缺失环节，因需设置专业和实践活动，提高就业效率，减少企业培训成本，实现校企共赢。目前不少学校实行工学结合模式，建立教学实训基地，这成为会展院校教学的重要组成部分。

（二）专业化

（1）展会专业化。

1）会展题材专业化：即以一种产业为依托，以一类商品、一类技术和服务为核心，由业内专业厂商参加，主要对专业观众开放。除极个别大型展会外，政府主导型展会都应转型定位为专业展，这是国际展览业的发展趋势。

2）会展运作与服务专业化：在展会策划、整体推介、招展招商、场馆布置和配套服务等方面形成分工合作、相互配套的会展产业链条。

3）管理人员的专业化：建立专业化的办展队伍。许多政府主导型展会都是由政府相关部门临时抽调人员负责承办，不利于展会的持续、长远发展。

4）主办机构专业化：今后政府职能将进一步转变，逐步退出对会展业的直接微观参与，转而依靠经济手段、法制手段对会展行业进行管理、协调、监督，具有现代企业特征的会展公司、企业将成为会展业的主导力量。

（2）会展人才培养机制专业化。

1）课程设置专业化。设置会展策划、会展营销、会展英语、展装设计等核心课程，培养学生对整体流程的认知和把控性，完善基本的会展配套类课程的设置，如礼仪服务、物流运输、国际贸易等。但是，目前很多会展管理专业因为师资的缺失，如展示设计、工程材料、报价等相关的课程被废置或浅尝辄止，导致很多学生毕业真正上岗时面临诸多挑战，造成不同程度的心理压力。从而催生了社会会展培训机构的产生，对学校发起了挑战。

2）教师能力专业化。学校教师实践能力缺失是老生常谈的问题，教师企业挂职学习和课余活动的参与，需要每一位老师引起重视，并且需要企业和政府的配合。目前不少学校都邀请企业一线人员或管理层给学生上课，这是有效解决途径，但企业人员时间的紧凑性和较大的调动性也是校企之间合作的一个常见的问题。企业给学校上课的形式并未完全形成系统和机制，需要继续加以探索。

（三）国际化

（1）展会国际化。

1）加入国际组织，获得国际认证。

2）展会运作以国际化为标准，借鉴国际上通行的体制和做法来组织展会，为展商和观众提供国际化的服务。中国中部投资贸易博览会（简称中博会）已经获得了 UFI 全球展览业协会国际认证，迈开了较大的国际化步伐。

3）三个主要硬性指标国际化：国外专业观众数、国外参展商数和国外参展面积都要达到 20% 以上，这些数据必须由中立的专业中介机构提供。

4）开展国际合作。在"请进来"的同时还要"走出去"，有些展会可以由国外展览公司或专业商会参与主办或承办。从 2005 年第二届中博会起，实行联合主办国（组织）机制，已先后邀请法国、意大利、日本、韩国、西班牙、澳大利亚、泰国、厄瓜多尔、越南、印度尼西亚、联合国南南合作办公室、墨西哥等担任联合主办国（组织）联合办展，除此之外，亚欧会议成员参展机制和中东欧 16 国参展机制也让更广泛领域和更多国家的中小企业加入到中博会这个平台，从而为各国中小企业提供了相互借鉴和交流合作的宝贵商机。会展国际化的模式从过去"请进来"，转为"走出去"参展和办展。

（2）会展人才培训国际化。

1）外语能力的加强。目前有一部分学校的会展专业是设置在应用英语专业底下，成为英语专业的一个具体方向，这对于纯粹的会展管理类的学生是个挑战，也是一种激励，同时体现了外语能力在会展活动当中的重要性。外语能力是从事企业工作的基本技能，尤其是会展活动。随着经济全球化，外商增多，国际间的沟通尤显重要。现在国内有一批学校已率先实现国内外学习的接轨，实现与世界展览王国德国的中德合作会展教育之路，这值得学习。双语教材的普及，双语的课堂，以及英语课程的增加，是必由之路。

2）参与国际化活动实训。目前会展活动国际化程度增设，例如，会展圆桌论坛是其中重要一例，但是目前很多大型活动的实训，由于资源的问题，不能接受所有会展专业学生参与学习实践。不妨生成国际上常用的"会员国制"，采用轮流方式，让大多院校有更多基础大型活动，而不只是提供给学生游走在展览会的边缘实习岗位。

（四）信息化

（1）展览信息化系统。

1）会展评估系统。建立评估指标，对所办展会进行具体量化的客观评估，为政府对优秀会展机构实施奖励提供客观有效的资料依据。

2）客户资源系统。对各种展会的主办单位、承办单位、参展商、客户进行登记造册，并加以沟通和管理。

3）会展信息系统。对国际、国内、省内的各种展会及本市各会展机构所办会展情况，建立起详细的信息数据库，以供业界人士参考利用。

4）会展统计系统。用科学的统计方法，建立会展统计体系和统计方法，加强会展经济统计工作。

（2）学校会展人才培养信息化。

1）互联网课程的增设。第十二届全国人民代表大会第三次会议在人民大会堂举行开幕会，国务院总理李克强作政府工作报告、审查计划报告和预算报告。在报告中，李克强总理八次提及推动互联网产业发展，推动移动互联网、云计算、大数据、物联网等与现代制造业结合。互联网的普及，自媒体的通行，使得计算机运用能力变得尤为重要。目前，学校在这方面的培养大多停留在计算机基础类的课程，其他互联网技能的培养稍有欠缺。

2）会展专业信息系统的学习。现在市场上出现了一批科技公司销售相关的信息系统，也诞生了不少展会 APP，这是信息化的其中一个体现，但是学校相关硬件的配套和师资在会展专业信息化这方面出现代沟，会展人员信息技术薄弱，信息技术人员会展活动的认知度不够，使相互间的沟通产生障碍。应当加紧这方面的信息人才培养。

四、市场化转型给会展业和会展人才就业带来的机会

随着会展专业的普及，高校会展专业招生规模扩大，应届毕业生逐年增多，社会就业压力的增大，会展专业就业问题日益突出。政府主导型展会市场化转型之后，将给各类与会展相关的企业带来大量的商机，同时也给学校会展专业学生就业带来了更多的机遇，学生择业范围更广。主要有以下六个方面：

（一）展览策划与咨询机构

越来越多的政府展会通过借用"外脑"来策划新展会或提出对原展会的创新思路，比如东莞名家具展、厦门中国国际投资贸易洽谈会、大连中国国际软件和信息服务交易会、廊坊商务节都与展览策划与顾问咨询机构有过这方面的合作。我们在对会展专业新生做咨询调查时会发现这样一个现象，大多数的新生报读会展专业的目的是因为喜欢策划，但是毕业以后，大部分的学生却只能从事销售的岗位，因为策划岗位的需求不多。各种相关配套的策划咨询机构的出现，使学生就业满意度更高。

（二）展览企业

民营展览公司既可以与政府主导型展会进行整体办展合作，比如"总体承办""一展多牌""包馆合作"等，也可以作为招展代理。深圳中国国际高新技术成果交易会、武汉中国国际机电产品博览会、厦门台交会、沈阳中国国际装备制造业博览会都有这方面的成功经验。展览企业是会展活动最直接的就业企业，也是学校会展专业学生毕业的第一选择。展览公司活力的增加为学生就业带来更多机会。

（三）会议公司

越来越多的展会配套举办主题论坛和各种专业会议，并且逐步尝试进

行市场化运作，比如北京中国国际科技产业博览会、深圳中国国际高新技术成果交易会、厦门中国国际投资贸易洽谈会都举办了大量的配套会议活动，并且与专业会议组织机构进行了良好的合作，提高了会议的质量与水平。学生在专门的会议组织机构的就业通常不多，会议组织能力的培养是一个需要加强的方面，会议公司的活跃为会展专业学生的培养提供了基础。

（四）会展广告企业

政府展会由于总体规模大、资金投入大，普遍有较大的广告支出安排，全国每年的会展广告数以亿计，但大家基本上是凭感觉在做，如何把这些支出做出实效是一个头疼的问题，敏感的广告代理企业可以从中捕捉到不少的商机。广告行业一直是众多会展专业学生青睐的行业，其自由、创新的态度令一大批年轻的血液沸腾。会展行业对广告业的带动无疑为学生就业注入了一剂强心针。

（五）会展礼仪服务公司

政府展会的开幕式、开馆式、签约仪式等活动都要求高档、气派、喜庆、隆重、与众不同，对于展会组织者这是个不大不小的难题，厦门中国国际投资贸易洽谈会在这方面的专业化和市场化先行一步，并取得了令人满意的效果，同时也给厦门万利达公司提供了商机。参加礼仪活动是会展专业学生兼职的常态，对美的向往牵动着许多有梦想的会展专业学生，喜欢活跃的工作气氛，愿意追求美感是一个生活积极化的体现。礼仪服务公司的规范有助于有这方面爱好的学生的学习和锻炼。

（六）会展管理系统与软件公司

会展流程管理、展会客户管理、展会观众邀请报到管理、展会门禁系统的管理等，都是提高展会水平所必需的。目前国内已有远华软件、北京商务公司等一批管理系统与软件公司可以提高这方面的服务，但这个市场才刚刚开始发育。会展专业学生中不乏科技型和设计型才子，软件公司的活跃为他们拓宽了就业的道路。

2016年是中国展览业向专业化和市场化转型的重要一年，政府主导型展会的市场化转型是顺应市场经济发展的必由之路，而相对应的学校人才的培养和就业问题，也是其中关键的一环，两者有机结合将会促进中国会展行业的健康有效发展。

参考文献

［1］潘建军. 2015 年度中国展览数据统计报告［R］. 北京：中国会展经济研究会，2015.

［2］王锦珍. 中国展览经济发展报告（2015）［R］. 北京：中国国际贸易促进委员会，2015.

［3］教育部高教司. 关于全面提高高等职业教育教学质量的若干意见［Z］. 2006−11−16.

［4］黄彬. "工学结合"情境下会展职业核心能力培养方法的探索［C］//中国会展经济研究会. 2013 年中国会展经济研究会学术年会论文集，2013.

［5］王春雷. 德国会展教育模式及其对中国会展教育的启示［J］. 中国广告，2005（3）.

产业转型升级背景下广东会展教育的发展对策*

路　雨

（广东工业大学经济与贸易学院，广州　510520）

[摘　要] 会展业作为现代服务业九大板块之一，如何设会展专业、培养高技能适用性人才，是会展教育当下面临的首要问题。本文以广东省升级为背景，在市场调研的基础上，分析目前会展行业人才培养面临的问题，并提出相应对策。

[关键词] 产业转型；会展教育；人才培养

一、文献综述

（一）广东产业升级的文献综述

随着我国经济发展进入新常态，广东产业发展进入转型关键阶段，广东产业发展的各个条件和影响变量成为众多学者关注的经济热题。罗浩、颜钰尧（2013）《基于两次经普数据的广东产业升级进程分析》的研究得出，建立跨行政区组织协调机构及运行机制，大力发展第三产业和推进科技发展进步是完成当下广东产业升级转型的可行性之路。金剑峰、温力健（2014）在《广东产业升级研究：基于科技服务业的视角》一文中，创新性地提出发展科

---

　* 基金项目：产业转型升级背景下的广东高校会展专业设置与人才培养定位研究（项目编号：2011YZ2）。

　作者简介：路雨（1970—　），女，黑龙江哈尔滨人，广东工业大学经济与贸易学院讲师。

技服务是产业升级的关键路径，面对当下科技服务业的困境，需要完善科技服务业的政策体系，注重对专业性人才的培养，发挥科技服务业的集聚效应。邓江年（2016）在《产业升级的创新研究驱动路径研究》一文中指出，新时期广东产业发展的四大传统优势——人口优势、通道优势、制造优势、政策优势正在被不断削弱，为更好地度过转型期，要积极推动广东产业发展比较优势的转换，实现从人口优势到工程师优势、外贸通道优势、跨境电商平台优势、制造优势、硬件创新优势、政策优势、营商环境优势的转化。

（二）广东会展教育的文献综述

会展业作为现代服务业九大板块之一，如何设会展专业、培养高技能适用性人才，是会展教育当下面临的首要问题。研究全国性会展教育及中外会展教育对比的文章较多，但是关注于广东省会展教育文章相对较少，主要有两大类：一类是高职教育，如陈颖（2014）在《探索"校中展、展中校"高职会展校内实训基地建设》中得出，"校中展、展中校"的实践育人模式能够为广东会展院校实训室建设提供有益的思路和借鉴，促使我国的会展教育不断提升。袁其玲（2015）在《高职院校会展创新技能人才的供需匹配培养模式探究——以广州城建职业学院为例》一文中得出，构建创新技能人才培养模式，改革现有会展教育模式现状，调整会展岗位培训，建立创新技能人才培训基地是会展教育改革的有效手段。另一类是关于广东省会展高等教育以及依托于对某专业或某高等学校分析的文章，如毛国民、傅少萌、刘少燕（2012）在《广东高校会展教育现状与会展人才培养探究》中指出，广东省内会展专业人才培养呈现重视外语能力培养、重视综合素质培养和重视会展专业实践等的特点。同时，也指出会展专业发展的一些不足，如黄运亭、黄晓燕（2016）的《英语专业学生对会展方向课程的学习需求分析——以华南理工大学广州学院外国语学院为例》、吴建华（2016）的《英语专业会展方向"一专一长一平台"建设》。

但是，关于产业升级背景下广东会展教育的研究比较少。如何让会展业更好地发挥作用，人才培养是关键，尤其是在广东产业转型升级的阶段。本文尝试进行探讨。

二、广东产业升级的状况

产业升级是改革开放以来广东经济长期保持高速增长的主要推动力。

世界上通用的产业结构的划分是根据人类社会生产活动历史发展的顺序产业划分的，产品直接取自自然界的部门称为第一产业，如农林牧渔等；对初级产品进行再加工的部门称为第二产业，如制造业；为生产和消费提供服务的部门称为第三产业。中华人民共和国成立以来，广东产业的发展经过了几个不同的阶段。第一阶段从中华人民共和国成立到1978年，经过近30年的发展，广东的三大产业取得了一定成绩，1978年三大产业结构比重为29.80∶46.60∶23.60。第二阶段为1978~1989年，第一、第二产业比重下降，第三产业比重逐步上升。第三阶段为1989年至今，第一产业比重迅速下降，第三产业比重大幅提高，到2002年达到46.99%。2014年三大产业结构比例为4.7∶46.2∶49.1，第三产业占比同比提高0.3个百分点。现代服务业比重不断提升，现代服务业增长8.3%，占服务业增加值比重达58.1%，同比提高0.2个百分点。目前，广东省金融、物流、会展、信息服务、科技服务、文化创意等现代服务业所占比重已接近发达国家，电子商务、信息消费等新业态成为现代产业体系的重要组成部分。劳动密集型产业的比例将逐渐下降，高附加值产业、资本和技术密集型产业规模不断扩大，初步形成产业结构高级、产业发展集聚、产业竞争力高端的现代产业体系。

制造业是广东省的传统强势产业，在转型升级的大背景下，制造业的转型升级是广东省的重点。2014年8月，国家工信部与广东省在珠江西岸推动创建先进装备制造产业带，将其作为加快广东产业转型升级、转变经济发展方式的重要步骤；截至2014年底已建立国家级工程中心4家，形成了中山风电装备、江门轨道交通装备、珠海航空装备、顺德精密智能制造等10家以先进装备制造业为主导产业的省级战略性新兴产业基地。与此同时，创新成为产业升级增长最大驱动力。2014年10月，广东省人民政府办公厅又发布《关于推动新一轮技术改造促进产业转型升级的意见》，进一步推动制造业技术改造力度，效果显著。广东省统计局数据显示，与2013年相比，2014年，广东规模以上工业实现主营业务收入增长了8.1%，达到113827.77亿元；利润总额增长12.4%，达到6611.86亿元。广东研究与试验发展（R&D）经费支出占生产总值比重达2.4%；而R&D经费支出占比达2.5%，这意味着区域创新能力基本达到或接近发达国家水平。广东省技术自给率提高到71%，区域创新能力稳居全国第二位，有效发明专利量和PCT（专利合作条约）国际专利申请量保持全国第一。

产业发展为会展业提供了基础和动力，产业的聚集产生了对会展市场的需求，产业的分化与专业化丰富了会展的内容，产业的国际化提升了会展的国际知名度。会展业被称为"经济发展助推器"，不仅能够带来巨大的经济效益、前沿的信息技术，而且还能带动其他相关产业的发展，为广东省产业升级助力。

三、广东省会展专业人才需求分析

产业结构调整与产业升级必然对人才需求提出新的要求。为更好地了解人才需求的变化，近几年笔者组织学生进行多次市场调研。第一次调查对象为广东省会展企业，包括展台设计搭建商、展会主办方，收回有效问卷 67 份。调查内容涉及会展企业对会展专业学生满意度调查、会展人才需求、会展专业实习情况、课程设置等。

调查结果显示，有一半的企业都认为会展专业的学生比非会展专业更有优势（见表 1）。一定程度上，企业肯定了学校培育出来的学生的能力，但是，会展企业对实习生的满意度并不是很高，只有 38.81% 的企业表示了满意（见表 2）。会展企业在选择实习生的时候一般会更愿意招聘会展专业的学生，但是，有约一半的企业在招聘实习生时还是看职位来决定。人才需求结构方面，会展设计师、会展营销人员是本次调查中企业最为缺乏的人才，翻译人员、采购人员、物流等与会展设计、会展营销和管理联系不大的人才需求相对比较小。企业对具有计算机设计能力、营销、较强的沟通能力的人才尤为看重。

表 1　第一次市场调研结果
问题：在实习与面试及用人期，公司认为会展专业的学生比
非会展专业更有优势吗？（单选题）

选项	小计	比例
A. 有明显差异	33	49.25%
B. 差不多	24	35.82%
C. 不能判断	10	14.93%
本题有效填写人次	67	

会展行业从业人员素质良莠不齐，专业知识不扎实，行业标准混乱，

学校对项目经理及展览从业人员的专业培训不到位，从业人员普遍缺乏对展览理论及运作方式的研究，因而达不到展览会市场运作的规范化。

关于会展专业学生的实习，大多数展台设计搭建商企业对实习生的需求都较少，多为 10 人以下。会展主办方需求相对较多。但是，会展企业对实习生的满意度都不是很高，只有 38.81% 的企业表示了满意，29.85% 的企业对实习生表示不满意，原因主要集中在以下几个方面：不够吃苦、不够认真、缺乏广博的知识、缺乏计算机技能、缺乏应急能力、缺乏适应能力、缺乏经验。有 67.16% 的企业都愿意与学校合作办学。同时，大多企业愿意以建立实习基地和协助企业开展培训这两种方式与学校进行合作。

表 2　对会展专业实习同学满意度（多选题）

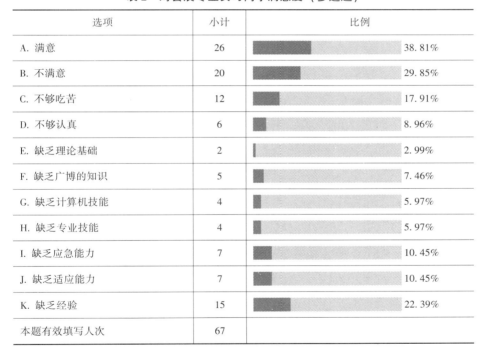

选项	小计	比例
A. 满意	26	38.81%
B. 不满意	20	29.85%
C. 不够吃苦	12	17.91%
D. 不够认真	6	8.96%
E. 缺乏理论基础	2	2.99%
F. 缺乏广博的知识	5	7.46%
G. 缺乏计算机技能	4	5.97%
H. 缺乏专业技能	4	5.97%
I. 缺乏应急能力	7	10.45%
J. 缺乏适应能力	7	10.45%
K. 缺乏经验	15	22.39%
本题有效填写人次	67	

关于课程设置方面，商务谈判、会展企业客户关系管理、会展营销、展台设计，以及与会展设计有关的计算机课程、与会展设计有关的美术课程，企业认为比较重要。企业尤为看重设计类的课程（如展台设计搭建），这一类人才缺口巨大。

第二次调查对象为学生，内容主要涉及应聘的影响因素、课程设置满意度、实习满意度等，收回有效问卷 120 份。学生对企业知名度、企业的业务特点与行业优势、晋升机会更为看重，而应聘的竞争性对应聘者选择企业的影响可以忽略不计。应聘者对招聘企业提供的薪水期望不高，只有少部分的应聘者的期望在 3500 元以上，应聘者对招聘企业薪水期望大多处在一个中等水平。会展现有的专业方向比较分散，有经管类、旅游类还有艺术设计类等，有的与其他专业重合的内容较多，却没有其他专业学得"专"。招聘会现场招聘的岗位也很多元化，有招文员、助理、编程、设计等，虽然会展学生有专业对口的优势，但是比如设计类、网络设计等岗位还是没有相关专业学生有优势。实习方面，所有会展专业学生表示在毕业前至少会有 2~3 次学校组织的实习机会。大多数会展专业学生对自己的实习岗位不满意，无论是学校组织还是自行参加，主要原因是觉得实习工作没有技术含量而且报酬低，多为前台接待、维持秩序、举牌、搜集名片、资料输入等工作。从调查实施当天情况来看，导致学生对实习岗位不满意不仅仅局限于上述原因，专业方向过散、学生专业目标不明确、学生在校所学知识在实际会展公司实习上难以真正应用等，都是导致学生实习情况不理想的原因。

四、创新会展教育，助力产业升级

（一）创新课程设置，培养职业素质

会展的专业化首先要实现人才的专业化。和其他行业不同，会展业所需人才是复合型的人才，一个专业会展人才要有组织能力、沟通能力、创新能力、协调能力、应变能力和市场开拓能力等综合能力。许多会展经济发达的城市都比较重视会展专业人才的培养和引进。德国、英国、美国等国家在大专院校都设有展览专业，系统地向学员讲授展览理论知识，更有一些行业组织，如德国 AUMA 等，建立创造了一套系统完整的专业人才培养计划和内容，并分别通过课堂学习、工作实践、参与协会活动和考试等方式给予被培训人员各种机会，每完成一个专业测定就授予一定的分数，累积到一定分数后，协会将授予一个资格证书。严格、系统的人才培训为展览业的健康发展奠定了坚实的智力基础，使发达国家在展览业的竞争中

始终占有绝对的优势。

高等教育可以借鉴国外经验和国内职业教育，将职业资格标准融入教学内容，构建学历教育与认证培训一体化的人才培养方案，加强与各级政府、行业组织、知名企业合作，开展多种技能认证，为学生提高职业素质创造条件。

（二）加强校企合作，优化产学研

产业升级背景下对于人才的复合性及实际操作能力要求越来越高。目前，虽有微视频、PBL及翻转课堂等教学模式创新，但本质上还是仍以教师主导理论知识为主，教学展示虚拟化。创新的教学模式的应用在一定程度上能增强由理论转化到实践的体验，但是毕竟还是脱离于实际。建议将企业项目引入课堂教学，使虚拟设计转化为实际演练，既解决企业人才的缺口问题，又能拓展教学内容，提升学生应对实际工作的操控能力。

（三）创新实习基地，建立系统性实习体系

通过调查，目前学生的实习岗位大多缺乏技术含量、专业性不突出，而产业升级及会展行业本身的要求却是有经验、综合能力强、高素质的人才。如何填补之间的差距是高等教育探索的新课题。广东工业大学在此方面作出积极探索：建立了系统性实习培训体系，围绕课程的进展，逐步深入。从初入学的行业观摩开始，到学生自办展及学生自创会展公司，为学生提供多层次的实习岗位，努力践行知行一体化。

随着产业升级步伐的日益加快，会展业已发展成为新兴的现代服务贸易型产业，成为衡量一个城市国际化程度和经济水平的重要标准之一。如何抓住机遇，尽快培养出高素质的会展人才，满足行业发展之需，已成为广东省会展业以及会展院校有识之士共同关心的问题。本文抛砖引玉，期望今后有更多更深入的研究。

参考文献

［1］陈颖. 探索"校中展、展中校"高职会展校内实训基地建设［J］. 广东交通职业学院学报，2014（3）：91-94.

［2］崔佳山. 论会展行业发展对会展教育改革的影响［J］. 广东科技，2014（8）：175，204.

［3］黄运亭，黄晓燕. 英语专业学生对会展方向课程的学习需求分析——以华南理工大学广州学院外国语学院为例［A］//吴建华. 广州会展经济研究（第一辑）［C］. 广州：中山大学出版社，2016：93-102.

［4］罗浩，颜钰尧. 基于两次经普数据的广东产业升级进程分析［J］. 岭南学刊，2013（6）：115-119.

［5］毛国民，傅少萌，刘少燕. 广东高校会展教育现状与会展人才培养探究［J］. 黑龙江教育学院学报，2012（6）：37-39.

［6］潘建军. 2015年度中国展览数据统计报告［R］. 北京：中国会展经济研究会，2015.

［7］吴建华. 英语专业会展方向"一专一长一平台"建设［A］//吴建华. 广州会展经济研究（第一辑）［C］. 广州：中山大学出版社，2016：103-107.

［8］徐红罡，罗秋菊. 国际会展管理专业的教育模式及其启示［J］. 桂林旅游高等专科学校学报，2007（2）：304-308.

［9］曾武佳. 现代会展与区域经济发展［M］. 成都：四川大学出版社，2013：13-23.

会展本科教育的现状与对策研究[*]

庞 华

（华南理工大学，广州　510641）

[摘　要] 本文以会展本科教育作为研究对象，以华南理工大学、中山大学、广东商学院的会展专业学生为调查对象，采用文献研究和问卷调查与统计分析的方法，概括出大学会展本科教育目前发展的现状以及存在的一些不足，并针对这些问题提出对策和建议。本文以翔实的第一手数据为支撑，并以美国的会展本科教育作为对比，在研究视角上进行拓展，为我国会展本科教育的进一步发展提供指导。

[关键词] 本科；会展教育；现状；对策

随着会展业的快速发展，会展市场对于会展人才的需求也越来越旺盛，尤其是在北京、上海、广州等一线城市。同时，从 2004 年教育部批准开设会展专业以来，全国已有上百所高校开设了与会展相关的专业。本文仅以会展本科教育作为研究对象，对当前会展本科教育发展现状进行分析，并对符合会展业发展趋势的会展本科人才培养提出合理的对策建议。

一、国内外会展人才培养状况概述

随着会展产业的蓬勃发展，国外开设的会展课程也越来越多，到了今天，很多著名的商学院都增设了会展类课程，以适应现代会展经济发展的

---

* 作者简介：庞华（1971— ），女，内蒙古呼和浩特人，华南理工大学副教授，硕士生导师，从事会展经济与管理方面的研究。

需要（见表1）。

表 1　国际会展旅游院校

国家	院　　校
美国	内华达大学饭店管理学院、乔治·华盛顿大学旅馆接待管理学院、休斯敦大学希尔顿饭店管理学院、哥伦比亚学院、东北州立大学（俄克拉荷马州）、佐治亚州立大学饭店接待业管理学院、佛罗里达中部大学饭店接待业管理学院、普渡大学
德国	瑞文斯堡合作教育大学、科隆大学
澳大利亚	拉特罗伯大学旅游接待业管理学院
英国	利兹大学旅游接待业管理学院
中国	香港理工大学饭店管理学院、澳门旅游学院
加拿大	亚特兰大旅游接待业学院
韩国	哈勒姆大学

在此我们以美国为例，美国会展人才培养模式主要有以下特点：

（1）教育主体多元化。在美国，会展教育的工作承担主体多元化，形成了高校、社区、中介咨询机构以及行业协会紧密合作的体系。到现在，美国已有大概75所高校开展了会展教育，这些高校负责会展教育的主要工作，引领会展高等教育的方向，辅以行业协会和社区等组织的支持，坚持产学研合作，培养了大批多层次的会展人才。这种多元化的教育主体为美国会展的发展提供了巨大的推动力量。

（2）教育体系层次化。会展教育主体的多元化，必定带来会展教育体系的多层次化。在美国，会展教育已经形成了较为完善的体系，职业教育、学士教育、硕士教育、成人教育共同发展。

（3）课程设置实用化。由于提法不同，美国没有"会展管理"这个课程，相关课程一般设置在宾馆管理、旅游管理、接待礼仪、体育运动、休闲娱乐、艺术门类中。这些课程具有非常明显的实用性和实践意义。以内华达大学饭店管理学院和乔治·华盛顿大学会展管理系本科生开设的课程为例，两所学校必修课程与选修课程不多，但基本集中在专业关键领域，课程之外学生必须辅以相关的实践和实际应用，如为展会寻求赞助商等。

表 2　美国乔治·华盛顿大学和内华达大学会展学士学位专业课程设置

学校		内华达拉斯维加斯分校	乔治·华盛顿大学
性质		州立大学	私立大学
学时		四年	四年
学士学位专业课程	必修	会议业概论、会议规划、贸易展览运营	旅游和接待管理概论、运动和大型活动管理中的问题、运动和大型活动商业企业、运动和大型活动营销
	选修	（选修至少选两门，每一门三学分）会展服务管理、会展设施管理、展览服务、展示管理、出展管理	（至少选一门，每一门三学分）心理人类学、媒体管理、文化地理学、国际营销管理、营销研究、公共关系、工业组织、运动和法律、国际商务概论、消费者行为、广告、经济社会学
学分		128 学分	120 学分
国际合作		在韩国、中国香港、中国澳门开展网上教学	与亚洲、非洲、加勒比地区有合作意向

（4）培训方式职业化。美国会展教育的成功主要归功于其完善的职业认证体系。1975 年，美国国际展览管理协会（International Association for Exhibition Management，IAEM）制订了一个职业认证计划，学生通过该职业认证评定后，将获得"注册展览管理人"的资格。如今，美国的职业认证体系已经相当成熟，开发组织这些认证活动的主要是在业内有影响力的行业协会，包括美国国际展览管理协会（IAEM）、国际会议专家协会（Meeting Professionals International，MPI）、美国专业会议管理者协会（Professional Convention Management Association，PCMA）和国际特殊事件协会（International Special Event Society，ISES）等。这些协会的培训项目已经得到了业内的广泛认可，提高了会展从业人员的专业素质，推动了会展教育的发展。

（5）校企合作全面化。在美国，理论和实践结合是会展教育非常重要的一个特点，高校、企业和行业协会建立了稳定长远的联系，将一切可能提高能力的实践方式提供给学生，以促进学生的专业能力和职业素质发展。以美国内华达大学为例，该大学已经和 192 所旅游、饭店和会展相关的组织和企业建立了长久的联系，联系和合作的主要内容包括：提供各种实践机会和奖学金、开展科研科教活动、为会展企业提供咨询、开展行业发展的研讨会、针对会展业发展的问题开展科研活动、为教师提供到企业学习的机会、共同开发合作项目等。美国会展教育十分重视与企业的合作和灌输学生职业意识，通过全面的校企合作，高校可以获得更多的实践机会，了解业内最新状况，而企业也从高校获得技术和专业支持，两者相互促进，相互发展。

我国国内随着会展业迅猛发展，会展人才的需要量也不断增加，会展人才的培养离不开教育和培训，为了迎合会展迅猛发展的需要和促进会展经济持续稳定发展，国内开设会展专业和课程的院校也逐渐增加，截至2016年5月，已经达到99所，具体如表3所示：

表3 2003~2015年国内会展本科院校

首次招生时间	高校名称	总计
2003	上海师范大学、上海对外贸易学院	2
2004	广西财经学院、沈阳师范学院	2
2005	上海理工大学、上海应用技术学院、上海第二工业学院、复旦大学太平洋金融学院、浙江万里学院、广东商学院、北京第二外国语学院、厦门理工学院	8
2006	重庆文理学院、浙江大学城市学院、广州大学、湖南商学院、河南财经学院、东华大学、山东交通学院	7
2007	中山大学、华南理工大学、重庆工商大学、云南财经大学	4
2008	南开大学、华东师范大学、北京联合大学、河北经贸大学、内蒙古财经学院、哈尔滨商业大学、武汉科技学院、湖北经济学院、湖北商学院北津学院、重庆工商大学融智学院、西安外国语大学	11
2009	天津商业大学、杭州师范大学、浙江传媒学院、华南师范大学、广东工业大学	5
2010	四川大学、首都师范大学科德学院、河北经贸大学经管学院、辽宁对外经贸学院、电子科技大学中山学院、浙江树人学院、海南大学	7
2011	北京农学院、武汉长江工商学院、长春大学旅游学院、天津工业大学	4
2012	暨南大学、天津财经大学、廊坊师范学院、哈尔滨德强商务学院、哈尔滨广厦学院、上海外国语大学贤达经济人文学院、济南大学、山东财经大学、山东女子学院、中原工学院、江汉大学文理学院、仲恺农业工程学院、北京师范大学珠海分校、琼州学院、重庆第二师范学院、四川农业大学、成都学院、新疆财经大学	18

续表

首次招生时间	高校名称	总计
2013	华侨大学、黄山学院、巢湖学院、华中师范大学武汉传媒学院、中南林业科技大学、广东外语外贸大学南国商学院、海口经济学院、成都信息工程学院、四川旅游学院、贵州财经大学	10
2014	北京石油化工学院、天津科技大学、吉林艺术学院、福建师范大学协和学院、贵州民族大学、云南民族大学、西安欧亚学院	7
2015	太原学院、三江学院、上海财经大学浙江学院、浙江外国语学院、安徽外国语学院、厦门华厦学院、武汉商学院、湖北商贸学院、湖南师范大学、三亚学院、四川外国语大学成都学院、四川文化艺术学院、昆明学院、兰州财经大学	14

资料来源：中华人民共和国教育部批准高校名单。

二、我国会展本科教育的特点

（1）起步晚，发展快。2003 年教育部批准了第一所高校——上海师范大学成立会展专业，自此，会展高等教育有了突破性的发展。近年来，开设会展课程的高校越来越多，截至 2016 年，不过 13 年的时间，会展高校的数目已经达到了 99 所，发展速度十分迅猛。

（2）区域发展不平衡。市场需求一定程度上影响了专业人才的发展速度和状态，由于会展教育受到会展经济的影响，开设会展课程的高校主要集中在长三角和珠三角的会展业发达城市，其中以上海为首，其次是广东，而会展经济落后的地区，如西北地区，很少有会展专业的开设。

（3）课程设置雷同。从表 4 可以看出，国内会展专业课程的设置都有非常相似之处，大部分专业来源其他课程，例如，旅游、艺术、财务、英语、经济等多个学科，彼此之间缺少更好的契合，出现了类似"大杂烩"的混合物。这是由于我国会展专业起步较晚，需要借助其他成熟专业的资源来带动自身的发展，从现实情况来看，这种状况是必然出现的，利用已经成熟的专业引导新专业发展，一定意义上有利于会展专业的成长。但随着教学条件和社会经济的变化，高校应当对会展教学方式进行改革，尽快形成有利于培养优秀人才的教学体系。

（4）实践效果不理想。学科属性决定了培养人才的复合型特征，作为服务产业，会展活动具有明显的复杂性和广泛性特点，会展企业更注重培养人才的能力和经验。国内会展课程是在多学科基础上设置的，课程纷乱复杂，一定程度上削弱了学生的实践机会，尽管大部分高校都能够将实习归于课程一部分，但是依旧以理论为主，学生实践的机会不多，实习考核方式单一，实习的效果不理想。这样导致了高校毕业生与企业的要求相去甚远，能够在会展领域内发展的人才数量其少。这种情况一方面浪费了高校的资源，另一方面无法满足企业的需求，对促进会展业的发展产生了巨大的障碍。高校应该更重视学生的实习，提供更多实践机会，用多样化形式考核实习成果，提高学生对实习和实践的重视，在理论和实践的平衡中发展学生的能力，培养复合型人才。

表4 五所高校会展专业设置对比

高校名称	上海师范大学	北京第二外国语学院	中山大学	华南理工大学	广东商学院
主要设置课程	会展概论；会展项目管理；专业会议组织者；会展营销；大型活动策划与组织；会议与展览会；现场管理；会展企业财务管理；会展英语；会展公关礼仪；办公室文秘	会展概论；会展营销；展览艺术设计；会议管理；会展英语；会展礼仪与文化；会展旅游；会展经济学；会展经典案例分析；会展客户关系管理；会展艺术传播；会展信息管理；会展场馆经营管理	会展概论；展览策划与组织；会议策划与组织；节庆与特殊事件；会展营销与公共关系；展示空间设计；会展与事件；活动前沿讲座；节事赞助与筹资；特殊事件管理；节事运营管理；娱乐管理；跨文化交流……	会展业概论；会展经济学；会展策划与计划；会展运营与服务管理；会展营销；会展项目管理；节事理论与节事旅游；休闲服务管理；休闲社会学；俱乐部管理；文化与历史遗产管理；体育活动策划与组织	会展概论；会展经济学；会展政策与法规；会展运营与管理；会展营销学；展览策划与管理；大型活动策划与管理；国际会议策划与管理；会展经典案例分析；场馆管理与服务；会展物流管理；酒店管理；国际公共关系学……

资料来源：于萍：《我国高校会展旅游教育的现存问题及优化对策研究》。

三、来自广东高校会展本科教育的调查分析

为了了解广东高校的会展本科教育现状，我们对广东商学院、华南理

工大学、中山大学三所具有代表性的高校进行调查，主要调查对象是 2014 级会展专业的学生，以纸质问卷、互联网电子问卷的形式展开。问卷一共发出 124 份，回收 96 份，有效问卷 96 份，具体情况如下：

表 5　问卷回收统计

学校		华南理工大学	中山大学	广东商学院
发出问卷（份）		34	20	70
回收（份）	男	10	6	19
	女	20	10	31
	总计	30	16	50
	回收率（%）	88.24	80	71.43

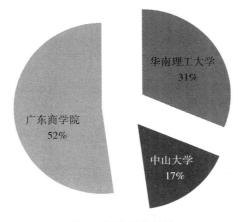

图 1　问卷回收统计

（1）针对会展课程设置存在的问题，调查情况见表 6。

表 6　会展课程设置存在的问题

	选　项	频数	频率
1	专业设置过于侧重理论	60	0.6250
2	专业设置过于侧重实践	2	0.0208
3	专业设置重复	58	0.6042
4	其他	14	0.1458

（2）针对会展课程应该加强的方面，调查情况见表 7。

表7　加强会展课程设置

	选　项	频数	频率
1	理论方面	16	0.1667
2	实践方面	80	0.8333
3	其他	7	0.0729

（3）根据调查，学生普遍认为专业设置的实践性不足，之所以会出现这种情况，我们对教学方式进行了调查，发现现今会展专业还是以理论授课为主，开放性的教学方式很少，甚至几乎没有，调查情况见表 8。

表8　曾经采用的教学方式

	选　项	频数	频率
1	教师课堂讲授	96	1.0000
2	学生讲台展示	84	0.8750
3	案例教学法	56	0.5833
4	情景教学法	15	0.1562
5	专题讲座	28	0.3333
6	座谈会	21	0.375
7	实习培训	56	0.5833
8	问题教学法	7	0.0729
9	其他	1	0.0104

（4）学生对开放性的教学方式普遍表示欢迎，其中以案例教学法和问题教学法最突出，从另一个方面表示了学生对这种开放性的上课方式的接受能力很高，调查情况见表 9。

（5）根据调查结果，对于企业是否遣派专家或兼职教师到专业授课的情况，不同学校有不同的回答。广东商学院的学生大部分表示"否"，占了该专业人数的 82.35%，华南理工大学和中山大学的学生大部分选了"是"，前者占了 70%，后者占了 75%。如表 10 所示，从另一方面而言，这种授课方式在学生心中留下的印象并不深刻，学校应该从不同渠道加强学生的专业课程设置。

表9　理想的教学方式

	选　项	频数	频率
1	教师课堂讲授	47	0.4896
2	学生讲台展示	25	0.2604
3	案例教学法	68	0.7083
4	情景教学法	45	0.4688
5	专题讲座	17	0.1771
6	座谈会	13	0.1354
7	实习培训	54	0.5625
8	问题教学法	6	0.0625
9	其他	5	0.0521

表10　专家或兼职教师授课情况

	选　项	频数	频率
1	是	42	0.4375
2	否	55	0.5729

（6）关于就业实习情况，几乎全部学生都曾经有过实习经历，大部分学生曾经进入会展公司实习，而这些学生中，绝大多数是学校提供实习机会，自己寻找或者师友介绍的很少，企业找上门的几乎没有。这说明学校在学生实习的过程中扮演着非常重要的角色，几乎决定了学生的实习岗位和内容，如表11和表12所示。超过50%的学生认为实习对他们产生一定程度的积极影响，但只有7%的学生表示，实习对他们而言非常有帮助（见表13），这说明学校应该重视实习的内容和岗位，如何让学生在实习的过程中学以致用，最大限度发挥自己的能力，不仅要学生了解会展工作的具体内容，以及如何安排工作和完成工作，而且要培养学生的专业能力和职业素质，从而提高学生的综合能力。

表 11　会展公司的实习经历

	选　　项	频数	频率
1	是	83	0.8646
2	否	13	0.1354

表 12　实习机会的来源

	选　　项	频数	频率
1	学校提供	87	0.9062
2	自己寻找	18	0.1875
3	师友介绍	6	0.0625
4	企业找上门	0	0
5	其他	1	0.0104

表 13　实习的效果

	选　项	频数	频率
1	很有帮助	7	0.0729
2	比较有帮助	19	0.1979
3	有一点帮助	53	0.5521
4	没有帮助，纯属应对	16	0.1667

（7）关于实习岗位。学校提供的实习岗位一般是现场接待服务等低层次的岗位，这受到很多因素的影响，一方面企业以营利为目的，会展策划、现场管理等这些高级的管理岗位决定了企业的利润，学生很难进入；另一方面是学生的能力稍有欠缺，大部分学生还不具备在高级管理岗位运作的能力，因此企业一般安排学生进入低层次岗位（见表14）。

表 14　现实的实习岗位

	选　项	频数	频率
1	展会策划	3	0.0312
2	展台设计搭建	6	0.0625
3	翻译	0	0

	选　　项	频数	频率
4	现场接待服务	50	0.5208
5	广告宣传	4	0.0417
6	咨询	10	0.1042
7	其他	38	0.3958

　　与现实情况不同的是，学生更愿意在管理岗位工作，尤其是展会策划、管理等管理者岗位（见表 15）。这说明学生的理想比现实高，一方面学生希望学以致用，成为会展公司的管理层而不是基层工作人员，另一方面这种理想与现实之间的差距降低了学生的学习积极性，不利于学生的发展。

表 15　理想的实习岗位

	选　　项	频数	频率
1	展会策划	43	0.4479
2	展台设计搭建	8	0.0833
3	翻译	3	0.0313
4	现场接待服务	17	0.1770
5	广告宣传	16	0.1667
6	咨询	5	0.0520
7	其他	3	0.0313

四、会展本科教育发展对策

（一）明确专业方向，突出专业特色

　　会展本科教育在培养会展人才中应加强对会展高级人才的培养，培养一批复合、创新的会展人才。在适应市场需求的前提下，可以在课程设计、教学方式上做出创新。依据高校原有的学科优势，突出学校特色，培养专门型人才，如工程类会展人才、会展营销人才等。

（二）多层次办学，加强实践教学

在发展会展本科教育的过程中与国外院校加强合作，汲取国外院校优秀的理念与办学优势，获取行业最新资讯，培养会展国际化人才。同时，高校应该重视对学生实践应用能力的培养，不断加强与会展企业、会展协会或政府会展部门的联系。因为会展专业需要极强的实践应用能力，因此重视培养学生实践能力，这也是发展校企合作办学的原因。学生通过在企业或者政府的实践基地中工作，更有利于学生把握会展理论知识，提升自我能力。在深化校企合作过程中，还可以加强与企业的沟通，与企业共同制定会展人才培养目标和模式，由企业资助，学校主导，培养会展企业需要的会展人才。

（三）优化师资，整合教学资源

高校可以通过组织教师的定期培训、举办专家讲座、让教师多参与会展活动、高校论坛合作等形式提高会展教师的专业理论水平，构建优秀的会展教学团队。同时，通过高校间的交流合作，对学科进行优缺互补，加强与行业协会等的沟通合作，整合优化高校的教学资源，促进学科理论的发展与完善。

（四）"定向—双轨"培养机制

"定向—双轨"制是一种新型的校企合作人才培养制度，主要是指高校与企业合作教学，高校和企业教育"双轨"并举，共同培养一批理论基础扎实、职业理念坚定、实践能力和综合素质较强的学生，定向为企业输送管理人才的制度。

（五）强化实习培训

学校应该鼓励开放式的学习方式，与企业合作，如邀请企业管理者演讲，引入企业的管理案例，或者创造机会让学生开办小型展会，模拟展会实况，这些形式更能使理论知识和实践相结合，使上课方式更加有趣多样，让学生提前了解企业文化和工作内容，可以使学生更好地适应后期的实习培训。

五、总结

会展业凭借着其强大的产业辐射力，带动了社会经济的发展。会展经济的迅速发展离不开人力资源素质的提高，而本科会展教育应该成为其巨大的助力。遗憾的是，我国会展本科教育起步晚，教育体系不健全，可借鉴经验少，课程设置、师资力量、教材编写等方面还没有完善。为了改变这种情况，建立一个完善的会展本科人才培养模式迫在眉睫。

参考文献

[1] 宗诚. 国际会展教育亟须新模式——美德会展教育对我国培养会展人才的借鉴意义 [N]. 国际商报，2006-02-15.

[2] 饶雪梅. 关于构建高职会展管理专业课程体系的探讨 [J]. 旅游学刊，2003（7）：96-98.

[3] 邬国梅. 国际会展高等教育对我国的借鉴和启示 [J]. 发展改革，2007（5）：13-16.

[4] 顾艺. 会展专业实施产学合作教育的实践研究 [J]. 教育与职业，2010（8）：142-143.

[5] 陈理宣. 教育学原理——理论与实践 [M]. 北京：北京师范大学出版社，2010：57-68.

[6] George G. Fenich, Kathryn Hashimoto. Towards a Framework for Development of Courses of Study in Meetings, Expositions, Events and Conventions（MICE）[J]. Journal of Convention & Event Tourism, 2010, 11：329-334.

他山之石

英美会展教育的模式及对我国的启示[*]

张少华[1,2]　李嘉苹[1]　黄淑敏[1]

（1 广东工业大学经济与贸易学院，广州　510275；
2 中山大学中国第三产业研究中心，广州　510275）

[**摘　要**] 伴随着会展业的迅猛发展，近年来我国会展教育呈"井喷式"发展态势，各地高校纷纷新建会展专业，但由于起步较晚和学科较新的特点，存在专业定位不明确、高校培养和市场需求脱节、职业认证培训落后、课程设置不合理等问题。相较而言，欧美国家的会展教育经过多年发展相对成熟。因此，本文以英美两国的会展教育为研究对象，重点分析其模式及特点，旨在为我国的会展教育提供可借鉴的发展思路。

[**关键词**] 会展教育；活动管理；培养模式；认证体系

会展业的发展不仅能带来强大的经济效益，直接推动商品流通和跨区域的经济贸易合作，还能带来巨大的潜在社会文化效益，促进文化交流和信息的传递，因此近年来其发展迅速，被视为城市经济发展的新兴动力。2015 年 4 月 19 日国务院印发了《关于进一步促进展览业改革发展的若干意

---

* 基金项目：广东省哲学社会科学 2015 年青年项目（项目编号：GD15YYJ05）；2016 年度广东省本科高校高等教育教学改革一般类教改项目"会展专业校外实践课程体系及教学内容调整与优化研究"，立项文号：粤高教函〔2016〕236 号。

作者简介：张少华（1982— ），男，广西北海人，广东工业大学经济与贸易学院讲师，主要从事服务经济与管理、会展经济研究；李嘉苹（1995— ），女，广东从化人，广东工业大学 2014 级本科生；黄淑敏（1995— ），广东东莞人，广东工业大学 2014 级本科生。

见》，将会展业的发展正式上升到国家战略层面。

与之相应的，会展教育在我国的发展也呈现出"井喷式"的高速发展态势。教育部于 2003 年开始对高等院校会展专业的设置设立审批，目前我国以"会展"为名称或方向的专业不断涌现（马勇，2005）。从本科院校层面来看，截至 2016 年全国开办会展经济与管理专业的本科院校已达 101 所。而在高职教育层面，全国（不含港澳台）共有 29 个省（直辖市、自治区）的 235 所高职院校开办了 259 个会展类专业①。但与国外相对完善的会展教育相比，由于起步较晚、体系不健全，我国会展教育尚处于不成熟的阶段，存在许多亟待解决的问题，如专业定位不明确、高校培养和市场需求脱节、职业认证培训落后、课程设置不合理等问题。因此，本文以英国、美国为例，重点分析其会展专业的教育模式，归纳其发展特点，以期为我国会展教育的发展提供借鉴思路。

一、英国的会展教育②

目前，无论是在学术界还是在企业界，在会展的概念、内涵等方面尚未达成统一的共识。因此，在分析前我们首先要明确本文所指的会展概念。从我国来看，中文的会展概念是在 20 世纪末提出来的，是会议和展览的总称，且由于展览业在我国规模较大，因此业界和学界常将展览等同于会展，忽视了会议的内在。而从全球来看，欧美等国家基本没有会展业这一说法，有些国家以 MICE 指代会展业，其内涵包括 Meeting（会议）、Incentive Tourism（奖励旅游）、Convention（大会）和 Exhibition（展览）。这一提法将奖励旅游纳入了会展的范畴，目前在亚洲地区使用较为广泛（如新加坡、泰国等）。而在英国、加拿大、澳大利亚等英联邦地区和美国，则通常把会议、展览会、体育赛事、旅游节庆都包括在 Event 中，统称"活动产业"，即 Event Industry（有些学者译为事件产业，如王春雷，2005）。在本文中，我们狭义的"会展"主要包括会议和展览，而广义的"会展"则包含会议、

---

① 关于本科和高职会展院校的统计数据来自天津商业大学杨琪副教授团队的整理，发布于"会展学研究"公众号。

② 本文在资料收集过程中获得了东华大学刘春章老师的大力支持，部分资料来自刘老师运营的"活动策划家"公众号，在此表示衷心感谢！

展览、赛事和节事等，因此中文表达中广义的"会展"即"大会展"的概念就可以理解为等同于"活动"（Event）。

在英国活动管理教育协会（Association of Event Management Education, AEME）的官网可查询到，截至2016年，英国本土开设活动管理专业的本科院校包括40所（见表1）。而在UCAS（the Universities and Colleges Admissions Service in the UK）上查找，则可以发现目前有132家大学和学院提供了活动管理相关本科课程。

表 1　AEME 英国本土开设的 40 所活动管理专业的大学

序号	学校	序号	学校
1	伯恩茅斯大学 Bournemouth University	12	利物浦约翰摩尔斯大学 Liverpool John Moores University
2	坎特伯雷基督教会大学 Canterbury Christ Church University	13	伦敦城市大学 London Metropolitan University
3	卡迪夫都市大学 Cardiff Metropolitan University	14	曼彻斯特城市大学 Manchester Metropolitan University
4	格拉斯哥城市学院 City of Glasgow College	15	石油大学 Petroc
5	考文垂大学 Coventry University	16	普利茅斯大学 Plymouth University
6	爱丁堡龙比亚大学 Edinburgh Napier University	17	爱丁堡玛格丽特女王大学 Queen Margaret University Edinburgh
7	活动商业学院 Event Business Academy	18	罗伯特高登大学 Robert Gordon University
8	法尔茅斯大学 Falmouth University	19	谢菲尔德哈莱姆大学 Sheffield Hallam University
9	格拉斯哥卡利多尼安大学 Glasgow Caledonian University	20	南安普顿索伦特大学 Southampton Solent University
10	格林威治管理学院 GSM London	21	斯塔福德郡大学 Staffordshire University
11	利兹贝克特大学 Leeds Beckett University	22	哈德斯菲尔德大学 The University of Huddersfield

序号	学校	序号	学校
23	伯明翰大学学院 University College Birmingham	32	南威尔士大学 University of South Wales
24	中央兰开夏大学 University of Central Lancashire	33	萨里大学 University of Surrey
25	切斯特大学 University of Chester	34	苏格兰西部大学 University of the West of Scotland
26	德比大学 University of Derby	35	阿尔斯特大学 University of Ulster
27	格罗斯特郡大学 University of Gloucestershire	36	西伦敦大学 University of West London
28	格林威治大学 University of Greenwich	37	威斯敏斯特大学 University of Westminster
29	赫特福德大学 University of Hertfordshire	38	温彻斯特大学 University of Winchester
30	林肯大学 University of Lincoln	39	胡佛汉顿大学 University of Wolverhampton
31	索尔福德大学 University of Salford	40	伍斯特大学 University of Worcester

资料来源：英国活动管理教育协会 AEME 官方网站。

（一）专业特色明显，定位清晰

首先从会展专业开设院系来看，英国高校的"活动管理专业"不仅局限于商学院，也包括音乐与戏剧艺术学院，活动、旅游、接待和语言学院，商业与法律市政学院，社会科学与管理学院等院系（见图 1）。从开设学院来看，英国高校充分结合学校自身定位和优势，对"活动管理专业"学生的培养定位清晰，培养特点鲜明。

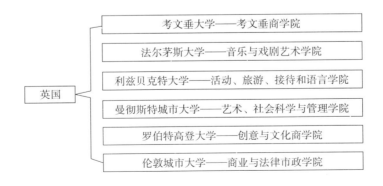

图 1　英国开设活动管理专业的高校及院系举例

从国内来看，我国本科会展专业在设置上主要包括经管和艺术两类，分别是会展经济与管理专业（代码110311S）和会展艺术与技术专业（代码050427S）；2012年，国家对专业目录进行了调整，将会展经济与管理专业归类到旅游管理大类之下，代码改为120903，而会展艺术与技术专业被合并到新增"设计学类"艺术与科技特色专业，代码为130509T。因此，相应地，我国会展专业的开设主要集中在经济学院、管理学院、旅游学院和艺术设计学院（见表2），当然也有个别高校依托自身基础如外语类学校开设了会展英语等专业方向。

表 2　我国会展专业高校开设院系示例

开设院校	所在学院
华南理工大学、广东工业大学等	经济与贸易学院
中山大学、广州大学、上海对外经贸大学等	旅游学院
浙江传媒学院等	管理学院
中国美术学院、上海大学、上海工程技术大学等	艺术/美术/影视学院

其次从单个学院会展专业设置来看，以普利茅斯大学为例，"活动管理接待专业""旅游与活动管理专业""国际接待管理专业"等专业与"活动管理专业"共置于"旅游与接待学院"下（见图2），它们之间的最大区别在于具体应用方向不同，但它们所涉及的知识领域重合度较高。而在我国的会展高校中，尚未有类似的专业设置。可以看到，普利茅斯大学的会展专业重在深化会展和旅游二者的融合，拓展学科发展的领域。其他的高校也是一样，在学院下设专业中，注重将会展业与其他行业相互交融，强调学科的交叉设置，从而实现新领域的延伸。由于专业细分程度较高，英国高校的活动管理专业学生在学习过程中也能更加明确所学知识的应用领域，从而加快知识转化成内在技能的进程。

（二）课程体系完备，循序渐进

在活动管理专业的课程设置方面，英国高校采用"基础+选修"的模块化方式，并强调学生学习的渐进式特点，构建完备的体系。在基础课程阶段，学院要求学生在自然科学、人文科学和社会科学三大领域要完成一定数量的课程，为学生的知识结构夯实基础。以普利茅斯大学的活动管理专

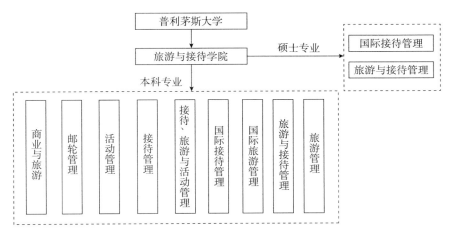

图 2　英国普利茅斯大学旅游与接待学院的专业设置

资料来源：活动策划家公众号。

业本科课程为例，必修的基础课程模块包含了 THE 管理基础、设计与主题
原理等理论课程，且遵循了循序渐进的过程式学习特点，从基础知识开始，
由浅入深。最为典型的是大一、大二和大四都要学习的职业投资项目，分
为第 1 学年、第 2 学年、第 3 学年的"三部曲"。第 1 学年主要学习概念性
的理论知识，第 2 学年主要学习方法策略，第 3 学年是众多英国高校都会设
置的"三明治式实习年"。"三明治式实习年"中，教师与企业共同指导，通
过"双导师"制提升教学效果，强化理论和实践的结合。在授课过程中，教
师采用多样化、重实践的授课方式，让学生在参与各类型活动的过程中锻炼
解决问题的能力、培养创新能力，有效缩短学生毕业后融入会展行业的时间。

表 3　英国普利茅斯大学活动管理专业（本科）课程明细

	必修课程	选修课程
第一年	THE 管理基础；设计与主题原理；艺术、娱乐与媒体；活动管理者的企业家精神；可持续活动管理概述；职业投资项目 1	汉语普通话；法语；西语；德语；高阶英语；活动管理中的接待
第二年	职业投资项目 2；会议和活动实践；人群行为与安全管理；THE 研究方法；活动策划与战略；活动推广	汉语普通话；法语；西语；德语；节庆与活动旅游

续表

	必修课程	选修课程
第三年	"三明治式实习年"	
第四年	荣誉项目；THE 产业中的危机与灾难管理；当前活动议题；职业投资项目 3	汉语普通话；法语；西语；德语；领导力；活动创新；活动顾问项目；专业和学术交流

资料来源："活动策划家"公众号。

而从选修课程来看，普利茅斯大学开设了多种选修课程，除了语言类的各类外语课程，还包括节庆与活动旅游、活动创新等专业课程。选修课程也充分体现了过程式的特点，如从大一的活动管理中的接待到大四的领导力、活动顾问项目等。

（三）学历认证体系健全，标准统一

作为授课型专业，英国的活动教育（或者说会展教育）拥有健全的学历认证体系。英国开设活动管理专业的高校大部分都开展了硕士课程（在本文整理的 20 所英国高校中，有 10 所院校开设了硕士课程，比例达到 50%）。而活动管理硕士课程的方向划分相较于本科课程，细化程度更高（见表 4）。与之相比，我国会展教育方面目前主要以高职和本科为主，硕士和博士的培养较少，学历认证体系不够合理，且硕士方向主要集中在会展和旅游的交叉领域。截至 2016 年我国内地（不包括港澳地区）会展管理专业学术型硕士点总计 30 个，会展博士点 4 个。

表 4　本文整理的 10 所开设硕士课程的英国高校信息明细

高校名称	院系名	专业或方向
卡迪夫都市大学	管理学院旅游、接待与活动管理系	活动项目管理/国际接待与旅游管理/项目管理
考文垂大学	商学院	活动管理
爱丁堡龙比亚大学	商学院-旅游系	国际旅游管理/国际活动与节庆管理/遗产和文化旅游管理/旅游营销/旅游与接待管理/生态旅游
法尔茅斯大学	音乐与戏剧艺术学院	创意活动管理

续表

高校名称	院系名	专业或方向
格林威治管理学院	管理学院	活动管理
利兹贝克特大学	活动、旅游、接待和语言学院 英国活动管理中心	活动管理/体育赛事管理/国际活动管理
利物浦约翰摩尔斯大学		活动管理专业
曼彻斯特城市大学	旅游、活动和接待管理学院	国际活动管理
普利茅斯大学	旅游与接待学院	国际接待管理/旅游与接待管理
爱丁堡女王玛格丽特大学	艺术、社会科学与管理学院 商业、企业与管理部	国际管理与领导力（活动方向）

资料来源："活动策划家"公众号。

　　除了开设本科和硕士课程外，英国高校还开设其他层次的会展人才培养。如伯明翰学院大学的活动管理专业除了设立活动管理专业本科学位教育（BA）外，还开设了文科预科学位教育（FdA）和专升本学位教育（Top-up），这为会展实用型人才的培育提供了可靠的教育认证体系，也给予了学生争取更高学历的路径。

　　同时，英国不同的地区在其区域内设定了教育程度的认证标准，并推出了统一的课程。在英格兰、威尔士和北爱尔兰采用的认证标准是 Qualification and Credit Framework（QCF）和 Framework for Higher Education Qualifications（FHEW），在高阶水平教育上，两者是对等的；而在苏格兰采用的则是 Scottish Credit and Qualifications Framework（SCQF）。以英国格拉斯哥卡利多尼安大学国际活动管理专业为例，该高校统一采用的是苏格兰高等教育体系（SHE），学生所学的课程为 Business and Management 学科内的 EEE1 至 EEE3 课程，完成不同阶段的课程后学生就能获得相应的学位证明（SCQF 认证）。

表5　英国格拉斯哥卡利多尼安大学国际活动管理专业（本科）课程明细

层次	课程名称	课程明细	所获证书
（SHE1 Level） SCQF Level 7	商务与管理 EEE1 课程（商务文化与行为）	社会科学的业务；营销基础；财务管理基础；活动研究概论；活动、接待和旅游	完成课程后将获得高等教育结业证

续表

层次	课程名称	课程明细	所获证书
（SHE2 Level）SCQF Level 8	商务与管理 EEE2 课程（社会、就业能力和商务）	人力资源管理精要；消费者购买行为；体验的创建和设计；活动交付与管理；语言、商务法律或国际经济问题与挑战	完成课程后将获得高等教育文凭
（SHE2 Level）SCQF Level 9	商务与管理 EEE3 课程（企业价值挑战）	商业研究方法/技能；国际营销战略；活动政策与资源提供；国际活动和都市重建；语言	完成课程后将获得国际活动管理的理学士学位
（SHE2 Level）SCQF Level 10	商务与管理 EEE3 课程（企业价值挑战）	论文；活动旅游；国际活动管理的当前问题；关键活动研究；语言（可选择学科）	完成课程后将获得国际活动管理的荣誉理学士学位

资料来源：http://www.gcu.ac.uk/。

此外，在教学方式上，英国高校充分利用社会各界资源，将业界人士、协会等纳入自身教学体系，提升活动管理专业的教学水平和教学效果。在本校教师担任理论课程教学的同时，积极邀请经验丰富的业界专家作为实践指导老师对学生的实践课程或专业选修课程进行指导教学。如谢菲尔德哈勒姆大学活动管理专业邀请了 2012 年伦敦奥运会组委会的马丁格林来为学生讲授大型活动和体育赛事的运行管理（张啸天，2016）。

二、美国的会展教育

目前，国外开设会展管理专业并提供证书及学位的高校中，美国所占比例高于 50%。层次齐全、高度完备的会展教育体系为美国会展的高速发展提供了坚实的人才保障。综合来看，美国的会展教育体系呈现以下特征。

（一）职业认证培训专业化

从业界来看，美国没有"会展业"（convention & exhibition industry）和"MICE Industry"的提法。若从出现频率的角度，可以大致将其分为两大派：一派倡导将相关行业分开，如展览业、会议业、体育业、旅游业等；

另一派则倾向于 Event Industry 的提法，从而把会议业、展览会、体育赛事、旅游节庆等都包括在 Events 内（王春雷，2014）。而与之相应的，美国的会展职业认证培训也分为两种：①将展览业和会议业作为两个单独的行业，分别为业内从业人员开发职业认证培训项目；②以行业协会和美国高校为主体，分别开发出相关的认证项目。

作为美国会展教育两大承担者，行业协会和高校分别提供了相关的活动管理认证项目，且两者又有所不同。行业协会和中间组织主要负责职业资格的培训和相关的认证项目（见表6），如 IAEE 提供的注册展览经理认证项目（CEM）、国际会议专家协会提供的全球会议管理证书 CMM 认证。从行业协会提供的认证培训项目来看，在培训内容上，各类培训项目注重实践和理论的结合，而不是局限于理论层面。比如，认证培训项目要求参与培训的学员具备一定的从业经历（一般多以 3 年为限），强调业界的实操经历，如注册展览经理（CEM）要求在展馆工作 3 年以上。而在培训项目的类别上，各类协会和中间组织所提供的培训认证项目涵盖范围较广，涉及活动领域的上下游产业，培训证书包含 CEM、CMM、CMP 等，从而有效吸收了活动产业各方人士的参与。在培训师资上，各类项目积极邀请业界的权威专家担任导师，并注重贴合市场发展趋势，因此受到业界的广泛好评。与之相对的，虽然近年来我国内地会展职业认证培训陆续引入 CMP 等相关认证①，开始尝试与国际接轨，但总体来看还属于起步阶段，无论是在培训类别、培训师资还是培训内容等方面均存在较大的差距。

表6　美国会展行业协会的主要会展职业认证培训项目

认证项目	开发机构	主要认证内容
注册展览经理 CEM	美国国际展览与事件管理协会（IAEE）	学习 7 门必修课和 2 门选修课（可在线学习）；3 年之内通过所有考试；在分时展览馆里工作 3 年以上
注册会议专家 CMP	会议产业理事会（CIC）	至少具有 3 年以上的会议业从业经验；学习两门课程；通过 3 小时的考试（150 道选择题）

---

① 2010 年北京市旅游委和 MPI 签订合作协议，引进了 MPI 和 CIC 的 CMP 认证体系。

续表

认证项目	开发机构	主要认证内容
全球会议管理证书 CMM	国际会议专家协会（MPI）	申请加入 CMM 项目；完成各种阅读作业和问卷调查；积极参与在线案例讨论；参与一个小组案例研究；提交一份商业研究战略计划
注册特殊事件专家 CSEP	国际特殊事件协会（ISES）	获得 35 个积分（从业经历）；通过 CSEP 考试
事件管理证书 EMC（带学历性质）	乔治·华盛顿大学国际旅游研究院	学习 4 门必修课和 3.6 学分的选修课；完成 100 小时的实践活动；提交一份完整的报告

资料来源：转引自王春雷（2014）。

而高校方面，院校结合自身专业基础和研究特色提供了多种类别的活动管理职业认证项目，主要涉及会议、活动策划、特殊活动等方面。表7列出了美国部分高校开设的活动管理认证项目。与美国相比，我国会展院校在会展职业认证项目方面未有涉猎，仅有的培训如上海师范大学、中山大学举办的培训均是针对会展院校教师的师资培训。

表 7　美国部分高校开展的活动管理认证项目

院校	认证项目	院校	认证项目
乔治·华盛顿大学	活动管理职业认证	加州大学欧文分校	会议和活动管理专业学习项目
斯坦福大学	活动管理项目	圣地亚哥州立大学	会议和活动策划职业认证
杜克大学	活动开发认证项目	佛罗里达州立大学	活动管理研究生认证
纽约大学	会议管理认证	亚利桑那州立大学	特殊活动管理认证
加州大学河滨分校	活动管理职业认证		

资料来源："活动策划家"公众号。

（二）学历认证体系多层次

除了认证项目培训，美国高校会展通过开展学位和文凭教育，提供学士学位教育以及硕士学位教育，形成了多层次的会展教育体系。美国高校现有的会展教育体系涵盖了一般职业资格认证教育、本科学士学位教育和硕士学位教育。在美国专职从事会展管理的人员中，60%以上已经获得了学士学位，其中大约10%的人拥有硕士学位（刘大可等，2003）。美国较早开设活动管理专业的院校均开设了活动管理相关的本科和硕士专业。如乔治·华盛顿大学商学院旅游和酒店管理系开设了体育、活动与接待管理的本科专业以及事件和会议管理硕士专业，同时还在国际旅游研究中心开设会展管理的研究生课程班。内华达州拉斯维加斯分校则将会展相关专业开设于饭店管理学院，依托饭店管理专业开设了会议与活动管理的本科方向，同时饭店管理专业具有硕士和博士学位授予权。休斯敦大学在希尔顿酒店与餐饮管理学院下设了酒店、餐饮与接待管理本科专业，并开设了接待业管理硕士、国际接待业商务硕士、接待业行政管理硕士专业以及接待业管理博士专业，涵盖从本科到博士的培养层面。

（三）课程覆盖面广、特色明显

作为一门新兴的学科，会展和旅游等相关学科相互交叉，因此会展教育涉及的知识体系领域甚为宽广。Getz 和 Wicks（1994）认为，会展管理的学生应该具备会展策划、管理和营销，以及把握会展历史发展趋势、各利益相关者的动机、会展的影响效应等方面的知识。而由于会展所涉及的产业链较广，因此从事会展领域工作的毕业生不仅需要具备财务、法律、管理、公共关系营销、经济分析等知识和技能（Perry、Foley 和 Rumpf，1996），还需要具体细分领域如赛事、节事等方面的专业知识。美国高校的会展教育在课程设置上充分考虑到会展业的需求，将学生所学课程分成基础必修和专业选修两类。如内华达大学将展览业概论、会议策划、商业展览会经营等作为专业的核心基础课程，将特殊事件管理、会展产品经营、节庆管理、会展娱乐营销等作为选修；斯坦福大学则将活动行政管理、活动协作与运营、活动营销、活动风险管理等课程作为自身的核心课程，并开设了活动礼仪、社会活动管理、活动娱乐与制作、活动筹资与赞助、活动设计与装饰等专业选修。

在培养活动管理专业人才的同时，美国高校结合自身基础，细分研究领域，强化自身专业特色。以美国强生威尔大学的体育赛事、演艺娱乐、活动管理专业为例，下设了活动管理、演艺娱乐和体育赛事三个研究方向，每个方向所学的课程都有其自身的特点。体育赛事管理方向包括商务体育、辅助服务与收益管理、售票工具与数据分析、专业体育赛事管理、运动教

练与管理、新媒体学说、赞助与销售及其关系管理、体育赛事与节事活动
市场营销等课程。

（四）结合活动的应用性特点，强化实践能力培养

一方面，在课程设置中，美国高校注重突出专业的实践性，在不同课程
中通过实地考察环节的安排、引入业界导师等方式，提升学生对会展知识的
实际运用能力，从而在一定程度上缓解高校教育与企业需求脱节的问题。以
乔治·华盛顿大学为例，体育、活动与接待管理专业下设体育管理、活动管
理和接待管理三个方向，不同方向的必修课程不同（见表8），但三个方向均
安排了两类实地考察课程。其中，一类是必须全部修满的三门课程：旅游与
接待管理概论、体育与活动营销和体育与活动管理中的问题；另一类则是任
选其一的全球性实地考察课程。通过实地考察和义务参加会展活动，学生对
所学的理论知识有了进一步的理解，综合运用知识的能力也得到了提高。

表8　乔治·华盛顿大学体育、活动与接待管理专业的课程设置

	体育管理方向	活动管理方向	接待管理方向
必修课程	实地考察课程：旅游与接待管理概论；体育与活动营销；体育与活动管理中的问题		
	全球性实地考察课程（任选其一）：文化景观学/人文地理学；国际商务介绍；全球经济环境；全球化营销管理		
	体育与活动中的商务管理；体育与活动的营销；体育与活动管理中的问题	接待业管理；体育与活动中的商务管理；旅游营销传播；体育与活动的营销；各类型会议的管理	接待业管理；旅游业、接待业的财务管理；旅游营销传播
选修课程	经济学；运动科学；地理学；新闻学与大众传媒学；语言/文学/文化；法律与社会；组织科学；心理学；社会学；可持续性		

资料来源：http://business.gwu.edu/。

另一方面，学校积极聘请业界专家担任专业课程的教师，从而避免理
论教学和实践脱节的情况。教师采用体验式教学等方式提升教学效果，通
过学生自主运作项目、策划活动等方式体验会展活动，让学生在熟悉活动
策划流程、实际运作和管理等工作的同时，掌握危机处理、团队协作、人
力资源管理等实战技巧。

三、对我国的启示

（一）加强学科交叉建设，突出专业特色

从英美国家的会展教育情况来看，会展相关专业定位明确，不仅仅局限在商学院或旅游学院，还包括饭店管理学院，艺术、社会科学与管理学院，音乐与喜剧艺术学院，商业与法律市政学院等。同时，学校在开设会展专业时，充分结合所在学院的自身基础，突出学科交叉的特点，促进原有学科和会展的融合，从而开拓新的知识领域。英美高校在专业定位时不是笼统地以活动概览全部，而是以会议、接待、节事活动、商业展览等进行细分，院校间特色明显，各有侧重。而从我国情况来看，现有会展专业大多设立在旅游学科之下，且很多地区高校在开设专业时定位不清，盲目跟风。因此，在今后的专业发展中，院校应改变以往以展览为唯一的传统观念，应关注大会展概念下会议、节事、赛事等细分领域的发展，紧密结合自身所在学院的强势基础，明确所在学院会展专业的特色。通过强化会展与自身学院强势学科的交叉，提升会展教育的针对性，改善教学效果，提升教学质量。

（二）课程设置模块化，突出过程式培养特点

国外高校在会展课程设置中，大多采用模块化的安排，同时强调人才培养的过程性特点，由浅入深。通过低年级的基础理论学习夯实基础，辅以高年级的专业课模块和实践模块学习，强化学生对会展专业知识的理解和技能的运用。而我国高校在会展课程设置上，由于专业定位不明确、特色模糊，院校往往采用"大锅饭"式的培养模式，把会展有关的所有课程一股脑儿全部开设，造成大部分院校课程几近雷同，毫无特色可言，而且安排课程时没有充分考虑彼此的先后关系。因此，要提升我国会展专业人才的培养质量，必须改革原有不合理的课程体系，结合专业的特色，实行模块化教学，在低学年进行基础理论模块学习的基础上，通过大三和大四的专业课模块和实习实践模块学习，构建理论认知—实践感受—理论提升的过程。同时，院校应充分吸纳企业、中间组织等社会资源，通过邀请业界专家担任实践课程指导教师开设连续性讲座、担任毕业论文导师等多种方式将其纳入培养体系，构建教师团队，弥补高校会展师资不足的"短板"，缓解高校会展教育和市场需

求脱节的问题。

（三）构建完备有序、认可度高的职业培训认证体系

虽然近年来国内会展职业认证培训认证开始引入 CMP 等国际认证培训，尝试与国际接轨，同时也出现了会展策划师等相关资格的培训，但总体来看国内会展职业认证培训市场混乱，缺乏专业化的培训机构，培训质量参差不齐，未能形成完备有序、认可度高的会展职业培训认证体系。而英美两国在会展职业培训认证方面均形成了相对成熟的体系，吸纳了行业协会、高校、企业等社会各界资源，开设了层次分明、分工明确的多项会展职业认证项目。因此，国内的会展教育应加强对会展职业培训认证体系的构建，在积极引入国际认证培训的同时，注重结合自身本土化的特点，同时，在不同的认证项目中，加强彼此间的衔接，而不是简单割裂，各自为政。

参考文献

［1］Getz D., Wicks B. Professionalism and Certification for Festival and Event Practitioners：Trend and Issues［J］. Festival Management & Event Tourism, 1994, 1 (4)：163-170.

［2］Perry M., Foley P., Rumpf P. Events Management：An Emerging Challenge in Australian Higher Education［J］. Festival Management & Event Tourism, 1996, 4 (3/4)：85-93.

［3］马勇，肖轶楠. 我国会展专业的课程设置与人才培养［J］. 旅游科学，2005，19（1）.

［4］王春雷. 美国会展职业认证培训体系及其对中国的启示［J］. 旅游学刊，2006，21（z1）：133-136.

［5］王春雷. 中国会展业发展十讲：热点、趋势与战略［M］. 北京：中国旅游出版社，2014.

［6］肖红艳. 美国会展管理专业的教育模式及其对中国的启示［J］. 内蒙古财经学院学报（综合版），2010（2）：13-19.

［7］徐红罡，罗秋菊. 国际会展管理专业的教育模式及其启示［J］. 桂林旅游高等专科学校学报，2007（2）.

［8］张啸天. 英国大学的会展教育及启示［J］. 太原城市职业技术学院学报，2016（5）.

［9］英国 AEME（Association of Event Management Education）官网：http：//www. aeme. org/.

［10］英国 UCAS（The Universities and Colleges Admissions Service in the UK）官网：https：//www. ucas. com/.

英国开设活动管理专业的部分高校基本情况（35 所）

伯恩茅斯大学的活动管理专业

Event Management in Bournemouth University

学位	荣誉文学士　BA（Hons）	学制	本科学制 4 年
专业描述	主要学习如何成为一名优秀的活动管理经理人，囊括了活动营销、财务管理、项目规划、活动投标、消费者行为等相关的课程，使学生最终能真正运筹一系列的活动，例如：产品发布、筹款、公司会议、个体集会（比如婚庆或聚会）以及大型活动如奥林匹克运动会等		
课程明细	第一学年（进入专业学习）——必修课程如下： 了解活动的来龙去脉；活动从业者需要的经济学知识；体验营销；活动的商务与财务；活动设计与表达；活动与休闲创新		
	第二学年（组织活动接受评估）——必修课程如下： 研究方法；消费者体验与行为；财务评估；活动管理；个体与职业发展；项目和风险管理		
	第三学年（实习）——实习要求： 至少在英国本土或海外有监管、有薪酬的公司做满 40 周的实习工作（若在新年后才入职的学生则至少做满 30 周），以实现在商务环境内将所学的理论知识转化为实践应用技能		
	第四学年（主要完成论文写作和选修课程）——必修课程如下： 国际活动管理；战略与领导力；论文 选修课程如下（选择两门）： 艺术营销；电子商务；语言；营销与企业传播；零售地点与空间；小企业管理；体育旅游；观光吸引物管理；创意媒体与活动；旅游与活动经济学；财务管理；休闲、旅游、活动与气候变化；媒体、旅游与休闲；体育、休闲与政治；体育营销		
毕业去向	（1）就业情况：在毕业后 6 个月以内，94.9%基本上都已经找到工作或选择读研深造 （2）就业去向：活动管理代理商、场地和会展中心、慈善机构、公司企业、定期举办大型活动的体育组织机构、读研 （3）就业行业：活动、体育、营销、接待、休闲 （4）就业后主要负责工作：活动咨询、活动管理、场地营销协调、婚庆策划、赞助和活动执行		

资料来源：根据 https：//www1. bournemouth. ac. uk/整理。

坎特伯雷基督教会大学的活动管理专业

Event Management in Canterbury Christ Church University

所在院系	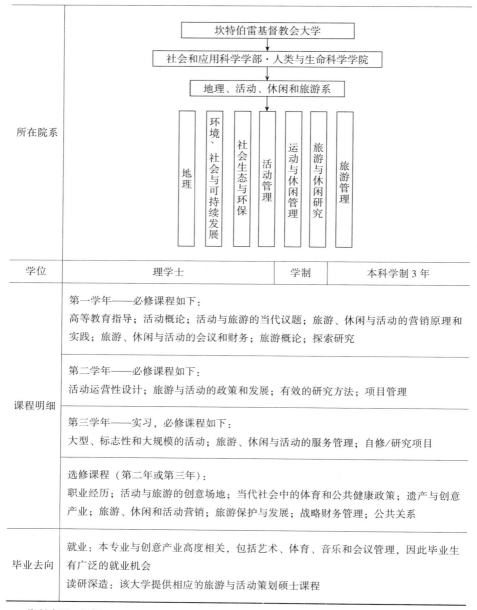		
学位	理学士	学制	本科学制 3 年
课程明细	第一学年——必修课程如下： 高等教育指导；活动概论；活动与旅游的当代议题；旅游、休闲与活动的营销原理和实践；旅游、休闲与活动的会议和财务；旅游概论；探索研究 第二学年——必修课程如下： 活动运营性设计；旅游与活动的政策和发展；有效的研究方法；项目管理 第三学年——实习，必修课程如下： 大型、标志性和大规模的活动；旅游、休闲与活动的服务管理；自修/研究项目 选修课程（第二年或第三年）： 职业经历；活动与旅游的创意场地；当代社会中的体育和公共健康政策；遗产与创意产业；旅游、休闲和活动营销；旅游保护与发展；战略财务管理；公共关系		
毕业去向	就业：本专业与创意产业高度相关，包括艺术、体育、音乐和会议管理，因此毕业生有广泛的就业机会 读研深造：该大学提供相应的旅游与活动策划硕士课程		

资料来源：根据 https：//www. canterbury. ac. uk/home. aspx 整理。

卡迪夫都市大学的活动管理专业

Event Management in Cardiff Metropolitan University

所在院系										

学位	荣誉文学士　BA（Hons）；理学硕士 MSc	学制	本科学制 3 年
课程明细	第一学年——必修课程如下：场地后勤与运营；活动概论；活动设计与制作；管理人员与组织；财务管理；职业规划；旅游、接待和活动的多样性与社会包容		
	第二学年——必修课程如下：活动项目管理；重大事故和危机管理；活动安全与许可；THE 营销①；THE 人力资源管理；商业开发与财务；研究方法；职业发展规划与行业工作经历 选修课程如下：专业认证；欧洲实地研究；社会活动和派对策划；大型场所中的当代美食；THE 的社会学；商业财务规划		
	第三学年——实习，必修课程如下：活动的法律问题；THE 的战略管理；论文/企业项目或独立研究 选修课程如下（至少选一门）： 节庆和文化活动；会议、展览会和公司活动；筹款和慈善活动；全球体育赛事；公共关系和赞助；品牌营销与广告；国际实地研究；员工资源；公司财务；旅游伦理；行业工作经历；场地设计与项目管理；酒类研究；THE 的数字消费者体验		
毕业去向	就业：这个专业与创意产业高度相关，包括艺术、体育、音乐和会议管理，因此毕业生有广泛的就业机会 读研深造：该大学提供相应的旅游与活动策划硕士课程		

资料来源：根据 http://www.cardiffmet.ac.uk/Pages/default.aspx 整理。

---

① THE 是 Tourism，Hospitality & Event 的简称，即旅游、接待和活动产业。

格拉斯哥城市学院的活动管理专业

Event Management in City of Glasgow College

SCQF 教育水平认证	格拉斯哥城市学院的活动管理专业采用苏格兰学分与资格考试体系： （1）SCQF Level 5 相当于预科（或中专毕业）； （2）SCQF Level 6 相当于大一； （3）SCQF Level 7 相当于大二； （4）SCQF Level 8 相当于大三（或大专毕业）； （5）SCQF Level 9 相当于大四（本科毕业）； （6）SCQF Level 10 相当于毕业后拿到了学位（学士学位）； （7）SCQF Level 11 相当于硕士；SCQF Level 12 相当于博士。 格拉斯哥城市学院提供的活动管理专业，相当于提供了中专的水平（Level 5）、认证的水平（Level 7）和大专的水平（Level 8）	
学制	本科学制 3 年	
SCQF Level 5 课程明细及毕业生的去向	课程明细：活动组织；投入活动；活动成本；财务和成本会计；行政管理；营销；工作安全；餐饮研究；关心客户；活动项目；西班牙语；识数；沟通；信息通信技术 ICT	
	毕业学生的去向： 学生毕业后，可以到活动产业中的活动公司，做活动助理或行政人员	
SCQF Level 7 课程明细及毕业生的去向	课程明细：活动申请；活动预算与筹款；营销概论；活动概论；活动后勤：安全与许可；应用软件	
	毕业学生的去向： 可以到不同的行业中做活动相关工作	
SCQF Level 8 课程明细及毕业生的去向	课程明细： 活动组织；营销概论；沟通；应用软件；数字文化；线上沟通；预算和筹款；活动管理；活动后勤：合同与保护；公共关系；准备与展示商业计划；销售原理与实践；展览介绍	
	毕业学生的去向： 学生毕业后，可以从事会议、展览会、节庆和特殊活动的组织与管理工作	

资料来源：根据 https：//www.cityofglasgowcollege.ac.uk/整理。

考文垂大学的活动管理专业

Event Management in Coventry University

所在院系	<div style="text-align:center">考文垂大学 ↓ 考文垂商学院 ↓ 活动管理专业</div>		
学位	荣誉文学士 BA（Hons）；理学硕士 MSc	学制	本科学制 3 年
本科课程明细	从活动的视角，学习管理的原理和框架；学会应用理论，分析复杂问题，构建参数及形成合理的结论 学习的课程包括：管理、战略、财务、活动营销、娱乐产业实践、项目管理、场地运营管理，活动的经济影响，国际活动管理。还将学习如何把这些知识转化为实践，可通过实习或志愿项目。还将学习使用一些活动软件如 Eventsforce		
硕士课程明细	必修课程如下： 活动策划和项目管理；活动可持续性与风险管理；国际活动透视；活动产业中的人员管理；活动营销与赞助；设施与活动运营管理		
	选修课程如下： 战略管理；企业家精神与小企业；广告与公关；电子营销		
硕士毕业去向	（1）会议和大会管理者； （2）设施与场地管理者； （3）活动策划人； （4）音乐和节庆推广者； （5）体育赛事管理者		

资料来源：根据 http://www.coventry.ac.uk/整理。

爱丁堡龙比亚大学的活动管理专业

Event Management in Cardiff Metropolitan University

所在院系	
学位	荣誉文学士和联合文学士 BA（Hons）& Joint Honors；理学硕士 MSc
学制	本科学制 4 年；硕士学制提供全脱产（full-time）和半脱产（part-time）两种选择
本科课程明细及毕业去向	该专业另设有四个方向： 营销 BA（Hons）；旅游 BA（Hons）；企业家精神 BA（Hons）；语言 BA（Hons）
	课程明细： 国际 THE 概论；跨文化和组织管理；节庆和活动的业务；商务会计；节庆与活动设计和交付；体育赛事旅游；活动管理；THE 的设施策划；节庆与活动策划和公共政策；会奖活动的管理；实际项目；24 周实习；节庆和活动的影响与可持续性；国际节庆和活动的环境；论文；选修
	本科毕业生去向： 毕业生具有在公共、私人或慈善部门做活动的管理水平，可从事国际节庆与活动管理、节庆与活动营销、节庆与活动开发的工作
硕士课程明细及毕业去向	课程明细： 国际商务活动管理；活动管理的商业技能；国际节庆与活动管理；THE 的体验设计管理；两个选修课；研究方法；毕业论文
	硕士毕业生去向：毕业生将能很好地掌握完成行业内的一系列工作的能力：节庆管理；活动管理；会议管理；公共部门组织

资料来源：根据 http：//www. cardiffmet. ac. uk/Pages/default. aspx 整理。

法尔茅斯大学的活动管理专业

Event Management in Falmouth University

所在院系	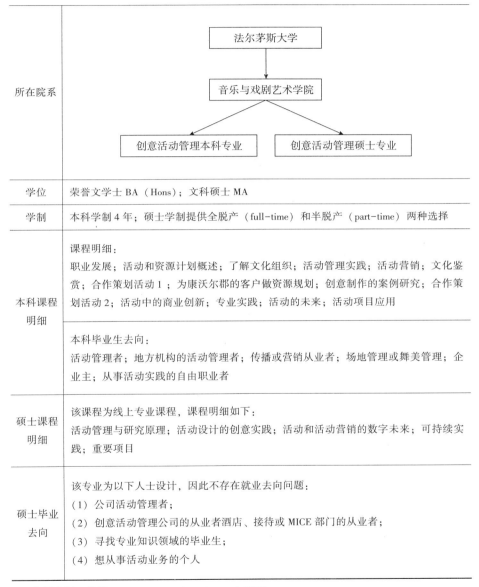
学位	荣誉文学士 BA（Hons）；文科硕士 MA
学制	本科学制 4 年；硕士学制提供全脱产（full-time）和半脱产（part-time）两种选择
本科课程明细	课程明细： 职业发展；活动和资源计划概述；了解文化组织；活动管理实践；活动营销；文化鉴赏；合作策划活动 1；为康沃尔郡的客户做资源规划；创意制作的案例研究；合作策划活动 2；活动中的商业创新；专业实践；活动的未来；活动项目应用 本科毕业生去向： 活动管理者；地方机构的活动管理者；传播或营销从业者；场地管理或舞美管理；企业主；从事活动实践的自由职业者
硕士课程明细	该课程为线上专业课程，课程明细如下： 活动管理与研究原理；活动设计的创意实践；活动和活动营销的数字未来；可持续实践；重要项目
硕士毕业去向	该专业为以下人士设计，因此不存在就业去向问题： （1）公司活动管理者； （2）创意活动管理公司的从业者酒店、接待或 MICE 部门的从业者； （3）寻找专业知识领域的毕业生； （4）想从事活动业务的个人

资料来源：根据 https://www.falmouth.ac.uk/整理。

普利茅斯大学的活动管理专业

（Event Management in Plymouth University）

所在院系	普利茅斯大学 ↓ 旅游与接待学院 ——硕士专业→ 国际接待管理 / 旅游与接待管理 本科专业 ↓ 商业与旅游　邮轮管理　活动管理　接待管理　接待、旅游与活动管理　国际接待管理　国际旅游管理　旅游与接待管理　旅游管理
学位	学士学位： 商业与旅游荣誉学士 BSc（Hons）；邮轮管理荣誉学士 BSc（Hons）； 活动管理荣誉学士 BSc（Hons）；国际接待管理荣誉学士 BSc（Hons）； 接待、旅游与活动管理荣誉文学士 BA（Hons）；接待管理荣誉学士 BSc（Hons）； 国际旅游管理荣誉学士 BSc（Hons）；旅游与接待管理荣誉学士 BSc（Hons）； 旅游管理荣誉学士 BSc（Hons） 硕士学位： 国际接待管理理科硕士 MSc；旅游与接待管理理科硕士 MSc
本科课程明细	THE 管理基础；设计与主题原理；艺术、娱乐与媒体；活动管理者的企业家精神；可持续活动管理概述；职业投资项目；会议和活动实践；人群行为与安全管理；THE 研究方法；活动策划与战略；活动推广；荣誉项目；THE 产业中的危机与灾难管理；当前活动议题 选修：语言；活动管理中的接待；节庆与活动旅游；领导力；活动创新；活动顾问项目；专业和学术交流
学校就业主张	学校主张学生不要局限于所学的专业，认为公司看重的是工作伦理和热情

资料来源：根据 https：//www.plymouth.ac.uk/整理。

格林威治管理学院的活动管理专业

Event Management in GSM London

所在院系	
学位	荣誉理学士 BSc（ons）
学制	本科学制 3 年
课程明细	第一学期： 学术技能；活动与娱乐策划及项目管理；营销传播 第二学期： 活动设计；利益相关者和客户管理；专业技能；创意项目和活动的财务决策 第三学期： 活动与娱乐运营；数字营销；就业能力 第四学期： 项目/实习设计与实施；评估与反馈 第五学期： 新兴议题；活动制作；国际盛事管理 （选修：研究方法；研究与专业） 第六学期： 毕业设计（论文/咨询项目/本位学习） （选修：项目和风险管理 Project and Risk Management；利益相关者和社区参与；创意与创新；接待和场地管理）
毕业去向	毕业后可从事活动设计与运营工作，或在活动与娱乐行业创业，或受聘于音乐、时尚、婚庆策划、节庆、慈善/筹款、社区活动等

资料来源：根据 http://www.gsmlondon.ac.uk/整理。

格拉斯哥卡利多尼安大学的活动管理专业

Event Management in Glasgow Caledonian University

所在院系	格拉斯哥卡利多尼安大学 ↓ 格拉斯哥工商与社会学院 ↓ 国际活动管理本科专业课程		
学位	荣誉文学士 BA（Hons）	学制	本科学制 3 年
课程明细	苏格兰高等教育　（SHE1 Level）　　　　　SCQF Level 7 商务与管理 EEE1 课程（商务文化与行为）：社会科学的业务；营销基础；财务管理基础；活动研究概论；活动、接待和旅游 （完成课程后将获得高等教育结业证） 苏格兰高等教育　（SHE2 Level）　　　　　SCQF Level 8 商务与管理 EEE2 课程（社会、就业能力和商务）：人力资源管理精要；消费者购买行为；体验的创建和设计；活动交付与管理；语言、商务法律或国际经济问题与挑战 （完成课程后将获得高等教育文凭） 苏格兰高等教育　（SHE3 Level）　　　　　SCQF Level 9 商务与管理 EEE3 课程（企业价值挑战）：商业研究方法/技能；国际营销战略；活动政策与资源提供；国际活动和都市重建；语言（选修） （完成课程后将获得国际活动管理的理学士学位） 苏格兰高等教育（SHE4 Level）　　　　　SCQF Level 10 论文；活动旅游；国际活动管理的当前问题；关键活动研究；语言（选修） （完成课程后将获得国际活动管理的荣誉管理学士学位）		
毕业去向	毕业后可能的工作为：活动管理者、活动运营者、节庆协调员、筹款管理者、会议组织者、项目管理者或政府官员		

资料来源：根据 http://www.gcu.ac.uk/整理。

利兹贝克特大学的活动管理专业

Event Management in Leeds Beckett University

所在院系	
学位	娱乐管理文科荣誉学士 BA（Hons）；活动管理文科荣誉学士 BA（Hons）；体育赛事管理理科荣誉学士 BSc（Hons）；国际活动管理理科硕士 MSc；体育赛事管理理科硕士 MSc
学制	本科学制 3 年
娱乐管理专业（本科）课程明细及毕业去向	课程明细： 第一学年：专业实践 1；就业技能；娱乐产业与环境；娱乐营销；人力资源与艺术管理；事业、创意与小企业；娱乐产业与环境 2 第二学年：专业实践 2；当代热点；管理实况娱乐活动；娱乐活动组织的人员管理；大众传媒（选修：文化与庆典；音乐；政治与社会；行业实习） 第三学年：专业实践 3；艺术与节庆管理；主要独立研究（选修：休闲、文化与全球化；媒体与文化产业；文化政策；文化领导力） 毕业去向： 推广经理；活动管理；戏剧管理；人才中介

续表

利兹贝克特大学的活动管理专业
Event Management in Leeds Beckett University

活动管理 专业 （本科） 课程明细 及毕业 去向	课程明细： 第一学年：活动策划；活动与社会；创意活动营销；专业活动实践；搭设安全的活动；管理活动运营 第二学年：活动法规与工商管理；活动营销心理学；专业活动实践2；管理活动中的劳动力；活动制作（选修课程：节庆管理；公司活动与接待；庆典、仪式与文化；企业与活动；公共关系与活动；活动安全与人群管理；体育媒体与文化；专业实习） 第三学年：活动的未来发展；战略性场地运营管理；活动机构的战略管理；个人项目（选修课程：理解合作伙伴；管理重大活动的风险；活动与异议；创新性筹款；商务活动制作；体育赛事的政策与政治；活动中的赞助）
	毕业去向： 活动管理者；人才中介；会议组织者；项目管理者
硕士学历 认证及 课程设计 体系	活动管理、国际活动管理、体育赛事管理，分别提供认证课程（PGCert）、文凭课程（PG Dip）和硕士学位课程（MSc） 有在线课程和线下课程两种；其中活动全部是在线课程，国际活动管理和体育赛事管理全部是线下课程
国际活动 管理 （硕士） 课程明细 及毕业 去向	课程明细： 活动管理的当代议题；活动人力资源与志愿者管理；活动组织者的战略与财务管理；活动运营管理；体验营销与活动；硕士研究方法；硕士研究项目（选修课程：人群与应急管理；活动中的筹款与赞助；专业实践）
	毕业去向： 活动营销经理；国际客户经理；会议运营经理；活动制作经理

资料来源：根据 https：//www.leedsbeckett.ac.uk/整理。

利物浦约翰摩尔斯大学的活动管理专业

Event Management in Liverpool John Moores University

学位	荣誉文学士 BA（Hons）；理学硕士 MSc		
活动管理专业（本科）课程明细	Level 4： 活动产业；专业技能开发 1；活动营销；活动策划与风险评估；创意活动设计与体验；管理和领导力概论		
	Level 5： 搭设活动 1；搭设活动 2；研究设计；活动人力资源管理；整合营销传播；商业活动；专业技能开发 2		
	Level 6： 独立研究项目；活动企业精神和企业家；活动影响；活动的当代议题；职业生涯开发		
活动管理专业本科生毕业去向	毕业生可进入如下领域工作：活动行政、体育、艺术、音乐、大会、展览会、会议、活动场地、活动旅游和活动接待；在商业、地方政府和志愿机构有广阔机会；也可以独立创业，成为活动专家		
国际活动管理专业（硕士）课程明细	研究方法；独立研究项目；全球社会的活动；策划活动并为供提供资源；搭设和评估活动；国际活动研究；硕士水平的学习和管理；活动推广		
国际活动管理专业硕士生毕业去向	可以进入公共的、私有的或非营利组织机构，从事全球活动经理、国际活动项目经理、国际商业会议制作人、国际媒体活动销售商或国际活动执行官		

资料来源：根据 https：//www.ljmu.ac.uk/ 整理。

伦敦城市大学的活动管理专业

Event Management in London Metropolitan University

所在院系	伦敦城市大学 ↓ 商业与法律市政学院 ↓ 活动管理专业		
学位	荣誉文学士　BA（Hons）	学制	本科学制 3 年
课程明细 及毕业 去向	课程明细： 第一学年：服务产业的经济与金融；活动概论；研究概述；营销原理与实践 第二学年：活动管理中的人力资源与活动法规；活动与社会；活动策划与执行（选修课程伦敦：活动之城；活动管理顾问；创建一个能赢的商业 1；"干中学"） 第三学年：活动旅游；活动产业中的营销、公关、赞助研究理论与实践（选修课程：项目管理；活动带来的商业创业；创意产业与活动政策；创建一个能赢的商业 2；"干中学" 2） 毕业去向： （1）在活动产业中的领袖企业中从业，包括 Blue Glass Interactive，C-Squared，Chillisauce，Diageo，Heart Productions，TripAdvisor and Upper Street Events 等； （2）创立公司； （3）在自己的国家从事国际性的职业

资料来源：根据 http://www.londonmet.ac.uk/整理。

曼彻斯特城市大学的活动管理专业

Event Management in Manchester Metropolitan University

所在院系		
学位	荣誉文学士　BA（Hons）；文科硕士 MA	学制	本科学制 4 年

<table>
<tr><td rowspan="2">活动管理专业（本科）课程明细及学生毕业去向</td><td>课程明细：
第一学年：商业管理；活动产业和特殊活动；活动运营；活动管理法规
第二学年：活动项目管理；组织管理；协同/专业实践（选修课程：慈善和筹款活动；文化节庆管理；时尚与活动；会奖）
第三学年："三明治"式的实习年
第四学年：荣誉项目；领导力和国际管理；活动的可持续性（选修课程：庆典活动；活动营销与赞助管理；活动中的点子、创意和企业家精神）</td></tr>
<tr><td>毕业去向：
毕业生可从事活动管理，包括地方机构的活动、公司活动、奖励活动、接待活动、体育活动、会议、展览会和音乐节庆等</td></tr>
<tr><td rowspan="2">国际活动管理专业（硕士）课程明细及学生毕业去向</td><td>核心课程：
财务管理；有责任的商业；创意、创新和企业；领导力与企业家精神；询价方法；战略管理与营销开发；论文或战略性的实际项目管理；国际活动管理；活动与节庆管理；活动实际项目</td></tr>
<tr><td>毕业去向：
毕业生可从事公司活动、接待活动、体育活动、会议、展览会和音乐节庆等活动的管理工作</td></tr>
</table>

资料来源：根据 http：//www2. mmu. ac. uk/整理。

爱丁堡女王玛格丽特大学的活动管理专业

Event Management in Queen Margaret University Edinburgh

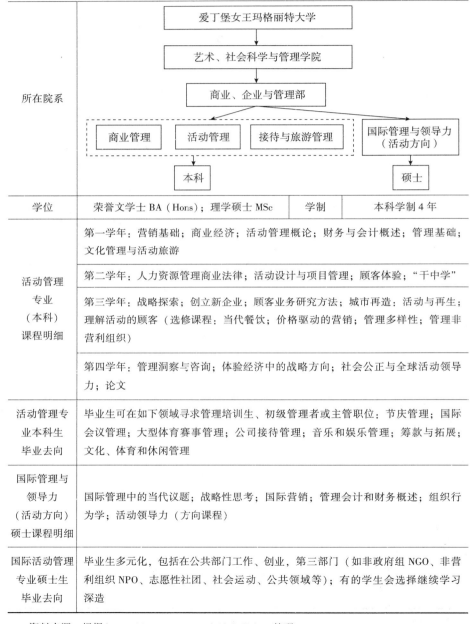

所在院系	爱丁堡女王玛格丽特大学 → 艺术、社会科学与管理学院 → 商业、企业与管理部 → 商业管理／活动管理／接待与旅游管理 → 本科；国际管理与领导力（活动方向）→ 硕士		
学位	荣誉文学士 BA（Hons）；理学硕士 MSc	学制	本科学制 4 年
活动管理专业（本科）课程明细	第一学年：营销基础；商业经济；活动管理概论；财务与会计概述；管理基础；文化管理与活动旅游		
	第二学年：人力资源管理商业法律；活动设计与项目管理；顾客体验；"干中学"		
	第三学年：战略探索；创立新企业；顾客业务研究方法；城市再造；活动与再生；理解活动的顾客（选修课程：当代餐饮；价格驱动的营销；管理多样性；管理非营利组织）		
	第四学年：管理洞察与咨询；体验经济中的战略方向；社会公正与全球活动领导力；论文		
活动管理专业本科生毕业去向	毕业生可在如下领域寻求管理培训生、初级管理者或主管职位：节庆管理；国际会议管理；大型体育赛事管理；公司接待管理；音乐和娱乐管理；筹款与拓展；文化、体育和休闲管理		
国际管理与领导力（活动方向）硕士课程明细	国际管理中的当代议题；战略性思考；国际营销；管理会计和财务概述；组织行为学；活动领导力（方向课程）		
国际活动管理专业硕士生毕业去向	毕业生多元化，包括在公共部门工作、创业，第三部门（如非政府组 NGO、非营利组织 NPO、志愿性社团、社会运动、公共领域等）；有的学生会选择继续学习深造		

资料来源：根据 http：//www.qmu.ac.uk/default.htm 整理。

罗伯特高登大学的活动管理专业

Event Management in Robert Gordon University

所在院系	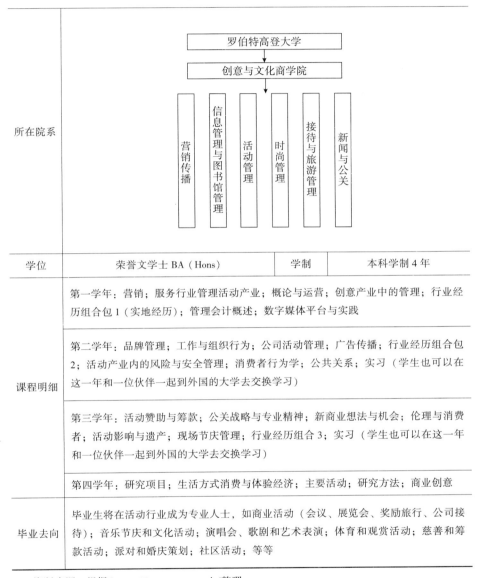		
学位	荣誉文学士 BA（Hons）	学制	本科学制 4 年
课程明细	第一学年：营销；服务行业管理活动产业；概论与运营；创意产业中的管理；行业经历组合包 1（实地经历）；管理会计概述；数字媒体平台与实践		
	第二学年：品牌管理；工作与组织行为；公司活动管理；广告传播；行业经历组合包 2；活动产业内的风险与安全管理；消费者行为学；公共关系；实习（学生也可以在这一年和一位伙伴一起到外国的大学去交换学习）		
	第三学年：活动赞助与筹款；公关战略与专业精神；新商业想法与机会；伦理与消费者；活动影响与遗产；现场节庆管理；行业经历组合 3；实习（学生也可以在这一年和一位伙伴一起到外国的大学去交换学习）		
	第四学年：研究项目；生活方式消费与体验经济；主要活动；研究方法；商业创意		
毕业去向	毕业生将在活动行业成为专业人士，如商业活动（会议、展览会、奖励旅行、公司接待）；音乐节庆和文化活动：演唱会、歌剧和艺术表演；体育和观赏活动；慈善和筹款活动；派对和婚庆策划；社区活动；等等		

资料来源：根据 http://www.rgu.ac.uk/整理。

南安普顿索伦特大学的活动管理专业
Event Management in Southampton Solent University

所在院系			
学位	荣誉文学士 BA（Hons）	学制	本科学制 4 年
课程明细	第一学年：活动管理概论；休闲营销；财务计划与报告；活动安全运营；休闲服务业概述；学术和就业能力		
	第二学年：应用活动管理；服务运营管理；休闲服务行业的研究方法；"干中学"（选修课程：应用活动搭设；顾客服务，营销和销售；数字营销策划；企业家精神和商业；活动赞助）		
	第三学年：活动管理的当代议题；论文或基于文献的研究，或咨询项目；商业战略（选修课程：雇佣关系批判性管理思考；接待管理；体育旅游；绿色活动；国际营销；有效的营销沟通；创业；商业创意开发；电子营销）		
	第四学年：管理洞察与咨询；体验经济中的战略方向；社会公正与全球活动领导力；论文		
毕业去向	（1）活动管理；销售和营销管理； （2）体育活动推广； （3）慈善筹款； （4）会展管理； （5）创业		

资料来源：根据 https：//www.solent.ac.uk/整理。

斯塔福德郡大学的活动管理专业
Event Management in Staffordshire University

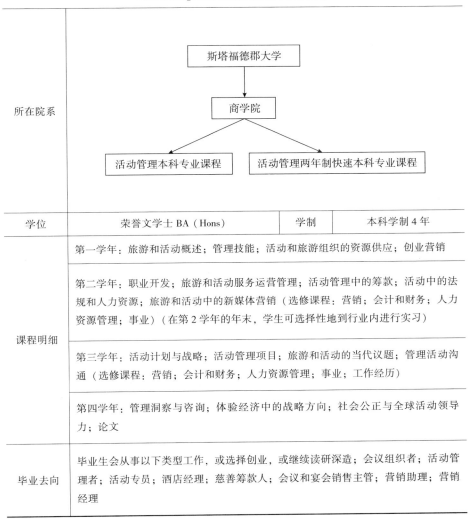

所在院系	斯塔福德郡大学 → 商学院 → 活动管理本科专业课程 / 活动管理两年制快速本科专业课程		
学位	荣誉文学士 BA（Hons）	学制	本科学制 4 年
课程明细	第一学年：旅游和活动概述；管理技能；活动和旅游组织的资源供应；创业营销		
	第二学年：职业开发；旅游和活动服务运营管理；活动管理中的筹款；活动中的法规和人力资源；旅游和活动中的新媒体营销（选修课程：营销；会计和财务；人力资源管理；事业）（在第 2 学年的年末，学生可选择性地到行业内进行实习）		
	第三学年：活动计划与战略；活动管理项目；旅游和活动的当代议题；管理活动沟通（选修课程：营销；会计和财务；人力资源管理；事业；工作经历）		
	第四学年：管理洞察与咨询；体验经济中的战略方向；社会公正与全球活动领导力；论文		
毕业去向	毕业生会从事以下类型工作，或选择创业，或继续读研深造：会议组织者；活动管理者；活动专员；酒店经理；慈善筹款人；会议和宴会销售主管；营销助理；营销经理		

资料来源：根据 http：//www.staffs.ac.uk/整理。

哈德斯菲尔德大学的活动管理专业

Event Management in The University of Huddersfield

所在院系	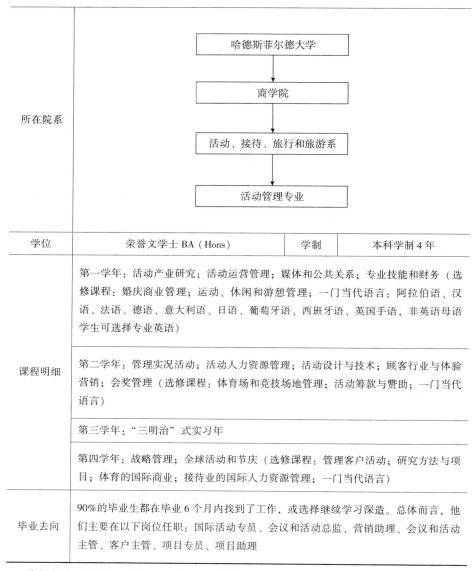
学位	荣誉文学士 BA（Hons）　　　　学制　　本科学制 4 年
课程明细	第一学年：活动产业研究；活动运营管理；媒体和公共关系；专业技能和财务（选修课程：婚庆商业管理；运动、休闲和游憩管理；一门当代语言：阿拉伯语、汉语、法语、德语、意大利语、日语、葡萄牙语、西班牙语、英国手语，非英语母语学生可选择专业英语） 第二学年：管理实况活动；活动人力资源管理；活动设计与技术；顾客行业与体验营销；会奖管理（选修课程：体育场和竞技场地管理；活动筹款与赞助；一门当代语言） 第三学年："三明治"式实习年 第四学年：战略管理；全球活动和节庆（选修课程：管理客户活动；研究方法与项目；体育的国际商业；接待业的国际人力资源管理；一门当代语言）
毕业去向	90%的毕业生都在毕业 6 个月内找到了工作，或选择继续学习深造。总体而言，他们主要在以下岗位任职：国际活动专员、会议和活动总监、营销助理、会议和活动主管、客户主管、项目专员、项目助理

资料来源：根据 http：//www. hud. ac. uk/整理。

伯明翰大学学院的活动管理专业

Event Management in University College Birmingham

所在院系	伯明翰大学学院 → 接待、旅游和活动管理学院 → 活动管理本科专业 / 接待管理专业（活动管理方向）
学位	荣誉文学士（含文科预科学位和专升本学位）BA（Hons）BA（Hons）/ FdA /Top-up
学制	本科学制 4 年
课程明细	第一学年：活动商业环境；活动设计；活动研究；活动和人员管理；活动策划；活动支持服务；活动产业 第二学年：活动接待管理；活动财务；活动营销；现场活动项目；活动项目管理；研究原理（选修课程：当代语言；专业活动实践；体育馆和竞技场所管理；旅游社交媒体；创意商业企业；商业活动动态；管理者培训和技能开发；选择性实习） 第三学年：活动危机战略；节庆和活动旅游；国际研究项目；大型活动；赢得活动合同（选修课程：财务战略；当代英语与文化研究；战略性人力资源管理；全球营销解决方案；目的地管理；黑暗观光管理；个人效率和行为技能） 第四学年：管理洞察与咨询；体验经济中的战略方向；社会公正与全球活动领导力；论文
毕业去向	毕业生主要在如下领域就职：会展中心；节庆和文化活动；体育赛事；活动管理公司；慈善推广与筹款人

资料来源：根据 http：//www.ucb.ac.uk/home.aspx 整理。

	中央兰开夏大学的活动管理专业 Event Management in University of Central Lancashire
专业描述	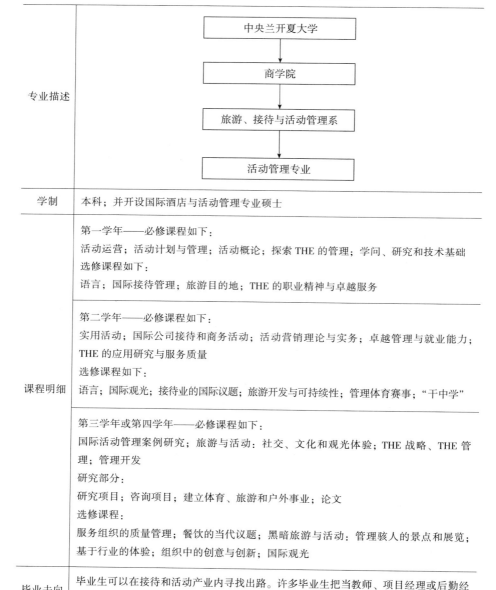
学制	本科；并开设国际酒店与活动管理专业硕士
课程明细	第一学年——必修课程如下： 活动运营；活动计划与管理；活动概论；探索 THE 的管理；学问、研究和技术基础 选修课程如下： 语言；国际接待管理；旅游目的地；THE 的职业精神与卓越服务
	第二学年——必修课程如下： 实用活动；国际公司接待和商务活动；活动营销理论与实务；卓越管理与就业能力； THE 的应用研究与服务质量 选修课程如下： 语言；国际观光；接待业的国际议题；旅游开发与可持续性；管理体育赛事；"干中学"
	第三学年或第四学年——必修课程如下： 国际活动管理案例研究；旅游与活动：社交、文化和观光体验；THE 战略、THE 管理；管理开发 研究部分： 研究项目；咨询项目；建立体育、旅游和户外事业；论文 选修课程： 服务组织的质量管理；餐饮的当代议题；黑暗旅游与活动：管理骇人的景点和展览；基于行业的体验；组织中的创意与创新；国际观光
毕业去向	毕业生可以在接待和活动产业内寻找出路。许多毕业生把当教师、项目经理或后勤经理作为职业

资料来源：根据 http://www.uclan.ac.uk/整理。

切斯特大学的活动管理专业

Event Management in University of Chester

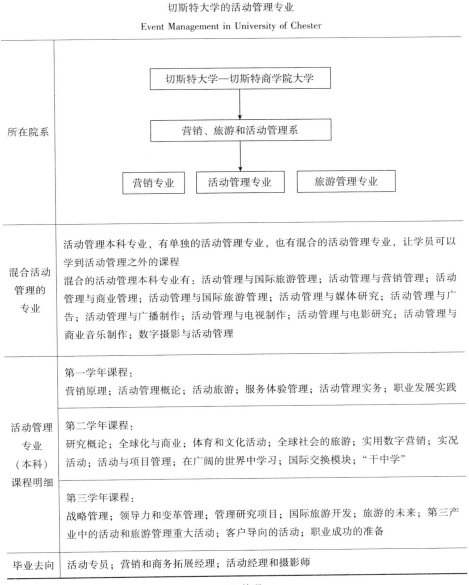

所在院系	切斯特大学—切斯特商学院大学 → 营销、旅游和活动管理系 → 营销专业　活动管理专业　旅游管理专业
混合活动管理的专业	活动管理本科专业，有单独的活动管理专业，也有混合的活动管理专业，让学员可以学到活动管理之外的课程 混合的活动管理本科专业有：活动管理与国际旅游管理；活动管理与营销管理；活动管理与商业管理；活动管理与国际旅游管理；活动管理与媒体研究；活动管理与广告；活动管理与广播制作；活动管理与电视制作；活动管理与电影研究；活动管理与商业音乐制作；数字摄影与活动管理
活动管理专业（本科）课程明细	第一学年课程： 营销原理；活动管理概论；活动旅游；服务体验管理；活动管理实务；职业发展实践
	第二学年课程： 研究概论；全球化与商业；体育和文化活动；全球社会的旅游；实用数字营销；实况活动；活动与项目管理；在广阔的世界中学习；国际交换模块；"干中学"
	第三学年课程： 战略管理；领导力和变革管理；管理研究项目；国际旅游开发；旅游的未来；第三产业中的活动和旅游管理重大活动；客户导向的活动；职业成功的准备
毕业去向	活动专员；营销和商务拓展经理；活动经理和摄影师

资料来源：根据 https：//www1. chester. ac. uk/整理。

德比大学的活动管理专业
Event Management in University of Derby

所在院系	
学位	荣誉文学士（含文科预科学位）BA（Hons）/ FdA；理学硕士 MSc
活动管理专业本科课程明细及毕业去向	阶段一课程：活动管理中的主题与点子；活动可行性与后勤管理；活动产业中的卓越服务；服务产业中的人力资源管理；服务产业中的金融；学术研究技能 阶段二课程：活动项目管理运营公司活动；活动法规；服务产业中的营销；商业开发与企业家精神；学术研究技能 阶段三课程：战略管理；当代议题；独立研究；公共关系和电子营销；节庆人类学；国际活动战略；公共观点与说服 毕业去向：会议；展览会；奖励旅行；公司接待；户外活动；节庆和文化活动；音乐活动；体育赛事
活动管理专业硕士课程设置及毕业去向	大专后证书课程：节庆消费人种志；活动运营与风险管理；研究方法
	研究生学历课程：整合商业管理；战略方向
	独立研究（独立研修 60 学分）
	毕业去向：活动产业中的管理者和研究者

资料来源：根据 https：//www.derby.ac.uk/整理。

格罗斯特郡大学的活动管理专业
Event Management in University of Gloucestershire

所在院系	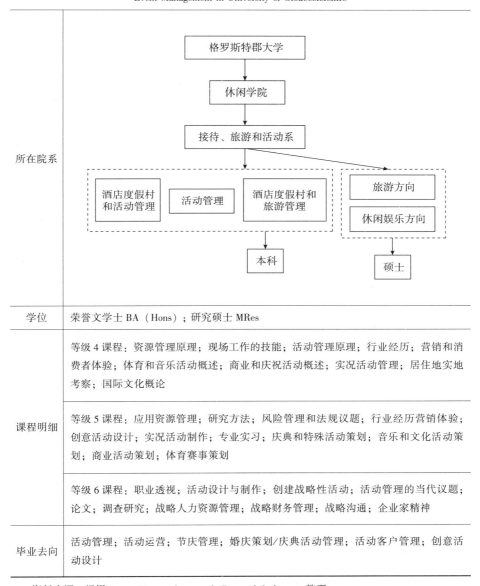
学位	荣誉文学士 BA（Hons）；研究硕士 MRes
课程明细	等级 4 课程：资源管理原理；现场工作的技能；活动管理原理；行业经历；营销和消费者体验；体育和音乐活动概述；商业和庆祝活动概述；实况活动管理；居住地实地考察；国际文化概论
	等级 5 课程：应用资源管理；研究方法；风险管理和法规议题；行业经历营销体验；创意活动设计；实况活动制作；专业实习；庆典和特殊活动策划；音乐和文化活动策划；商业活动策划；体育赛事策划
	等级 6 课程：职业透视；活动设计与制作；创建战略性活动；活动管理的当代议题；论文；调查研究；战略人力资源管理；战略财务管理；战略沟通；企业家精神
毕业去向	活动管理；活动运营；节庆管理；婚庆策划/庆典活动管理；活动客户管理；创意活动设计

资料来源：根据 http：//www. glos. ac. uk/Pages/default. aspx 整理。

赫特福德大学的活动管理专业

Event Management in University of Hertfordshire

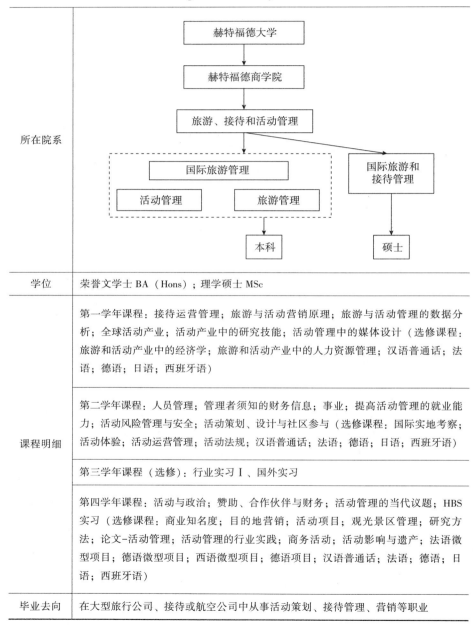

所在院系	
学位	荣誉文学士 BA（Hons）；理学硕士 MSc
课程明细	第一学年课程：接待运营管理；旅游与活动营销原理；旅游与活动管理的数据分析；全球活动产业；活动产业中的研究技能；活动管理中的媒体设计（选修课程：旅游和活动产业中的经济学；旅游和活动产业中的人力资源管理；汉语普通话；法语；德语；日语；西班牙语）
	第二学年课程：人员管理；管理者须知的财务信息；事业；提高活动管理的就业能力；活动风险管理与安全；活动策划、设计与社区参与（选修课程：国际实地考察；活动体验；活动运营管理；活动法规；汉语普通话；法语；德语；日语；西班牙语）
	第三学年课程（选修）：行业实习Ⅰ、国外实习
	第四学年课程：活动与政治；赞助、合作伙伴与财务；活动管理的当代议题；HBS实习（选修课程：商业知名度；目的地营销；活动项目；观光景区管理；研究方法；论文-活动管理；活动管理的行业实践；商务活动；活动影响与遗产；法语微型项目；德语微型项目；西语微型项目；德语项目；汉语普通话；法语；德语；日语；西班牙语）
毕业去向	在大型旅行公司、接待或航空公司中从事活动策划、接待管理、营销等职业

资料来源：根据 http：//www.herts.ac.uk/整理。

林肯大学的活动管理专业

Event Management in University of Lincoln

所在院系	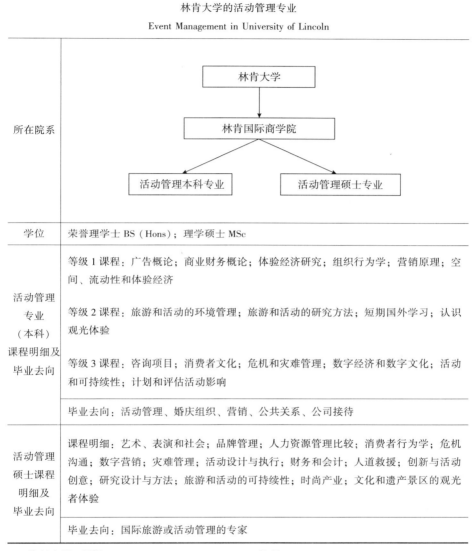
学位	荣誉理学士 BS（Hons）；理学硕士 MSc
活动管理专业（本科）课程明细及毕业去向	等级 1 课程：广告概论；商业财务概论；体验经济研究；组织行为学；营销原理；空间、流动性和体验经济 等级 2 课程：旅游和活动的环境管理；旅游和活动的研究方法；短期国外学习；认识观光体验 等级 3 课程：咨询项目；消费者文化；危机和灾难管理；数字经济和数字文化；活动和可持续性；计划和评估活动影响 毕业去向：活动管理、婚庆组织、营销、公共关系、公司接待
活动管理硕士课程明细及毕业去向	课程明细：艺术、表演和社会；品牌管理；人力资源管理比较；消费者行为学；危机沟通；数字营销；灾难管理；活动设计与执行；财务和会计；人道救援；创新与活动创意；研究设计与方法；旅游和活动的可持续性；时尚产业；文化和遗产景区的观光者体验 毕业去向：国际旅游或活动管理的专家

资料来源：根据 http：//www. lincoln. ac. uk/home/整理。

曼城索尔福德大学的活动管理专业

Event Management in University of Salford Manchester

所在院系	
学位	荣誉理学士（含理科预科学位）BS（Hons）/FdSc；理学硕士 MSc
国际活动管理专业本科课程明细及毕业去向	第一学年课程：营销原理；会计原理；人力资源原理；经济原理；商务统计（选修课程：全球环境下的组织；语言） 第二学年课程（可选择作为"三明治"式实习年）：管理国际盛事；活动策划与开发；项目管理；商业背景下的法律；职业发展（选修课程：活动旅游管理；语言） 第三学年课程：活动管理中的风险、规范和安全；服务产业中的企业家精神；战略管理；商业伦理和可持续性；应用商业研究与分析（选修课程：目的地分析；国际会议旅游；乡村旅游；创新产品与营销；服务和关系营销；语言） 毕业去向：毕业生将在国际活动管理中获得一席之地，可以从事诸如体育活动、演唱会、节庆、旅游、展览会和公司接待等活动的组织
国际活动管理专业硕士课程设置及毕业去向	第一学期课程：战略性国际商业管理；运营和信息管理 第二学期课程：国际活动管理原理与实践；项目风险和采购管理 第三学期课程：商业创新项目 毕业去向：毕业生将在活动组织机构中获得一席之地

资料来源：根据 http://www.salford.ac.uk/ 整理。

南威尔士大学的活动管理专业

Event Management in University of South Wales

所在院系	
学位	荣誉文学士 BA（Hons）Event Management；荣誉理学士 BSc（Hons）Live Event Technology
活动管理专业本科课程明细及毕业去向	第一学年课程：社会中的活动；理论中的活动；实践中的活动；营销基础；工作与组织行为；商业技能和职业发展 第二学年课程：实况活动；活动风险管理与运营；数字概述；活动的后勤、规范与许可；活动财务；活动营销；活动研究 第三学年课程：活动管理中的战略议题；活动管理者的管理技能；公共关系和声誉管理；职业实践与就业能力；与活动有关的论文
	毕业去向：包括但不止于沟通、人员和团队管理、项目管理、健康和安全管理、风险评估、营销等
实况活动技术本科专业课程设置及毕业去向	第一学年课程：视频技术；索具技术；构思设计与展示；活动安全；现场成音设备技术；电子原理与设计；灯光设计与技术；电子学 第二学年课程：网络和控制应用；娱乐灯光设计基础；控制技术；商业；视频系统技术；现场成音设备技术Ⅱ；飞行和索具设计；动力系统验证 第三学年课程：团队项目；现场成音设备技术Ⅲ；视频应用技术；灯光实践；职业准备；行业实践项目
	毕业去向：毕业生可以进入活动制作公司或自由职业，从事娱乐、广播、实况演出、活动管理等工作

资料来源：根据 http：//www.southwales.ac.uk/整理。

萨里大学的活动管理专业

Event Management in University of Surrey

教育知名度	在卫报大学指南 2017 中，萨里大学（University of Surrey）的旅游专业（Hospitality, Events, Tourism and Transport）排名第一
学位	荣誉理学士 International Event Management BSc（Hons）； 理学硕士 International Events Management MSc； 欧洲理学硕士（International Event Management（Euromasters）MSc）
国际活动管理专业本科课程明细及毕业去向	第一学年课程（FHEQ Level 4）：职业发展；商业环境；活动的商业和国际背景；商业影响；活动设计与创意；活动项目管理与策划；营销原理；财务会计 第二学年课程（FHEQ Level 5）：职业伦理；活动主题与体验的想象力工程；应用财务管理；搭设现场活动；技术与媒体；活动管理的国际问题（选修课程：服务营销；休闲与旅游经济；营销传播；实践中的职业发展；组织与人力资源管理；商法；旅游与社会；职业培训实习） 第三学年课程（FHEQ Level 6）：国际商务战略；盛事之都与借力活动；商业活动动态；可持续运营（选修课程：数字环境的营销；接待与旅游的企业家精神；旅游与接待咨询；创新与新产品开发；旅游与接待的应用研究；旅游的战略品牌管理；领导力；商业计划；就业法；职业发展指导） 毕业去向：毕业后可进入活动产业相关企业工作
国际活动管理专业硕士课程设置及毕业去向	课程设置：论文；研究方法；活动设计与制作；服务营销；活动；活动产业概论；活动运营管理；项目管理；财务管理；营销传播；会展管理；活动劳动力与志愿者管理；伦理与企业社会责任；接待和旅游的商务计划 毕业去向：在服务产业中担当专业人士

资料来源：根据 http://www.surrey.ac.uk/整理。

苏格兰西部大学的活动管理专业

Event Management in University of the West of Scotland

所在院系	
学位	文学士 BA
课程明细	第一学年课程：活动产业的背景；活动管理的过程；包括营销、人力资源和业务实践
	第二学年课程：扩大对活动管理知识的理解，团队项目（策划、执行和评估实况项目）
	第三学年课程：活动管理更为专业的知识，可以为活动组织者建立商业计划书，为活动管理的决策制定和战略规划进行更为准确的研究。对活动的政策和策略更为洞见，以及创建活动体验的心理方面
	第四学年课程：基于活动的论文，以及国际活动议题、活动影响分析，具有活动产业的全球视角
毕业去向	活动经理；体育场地；组织会议；为大集团发布产品，为志愿者组织筹款

资料来源：根据 http：//www.uws.ac.uk/home/整理。

阿尔斯特大学的活动管理专业
Event Management in University of Ulster

所在院系	
学位	荣誉文学士 BA（Hons）Event Management；荣誉理学士 BSc（Hons）Live Event Technology
全脱产休闲与活动管理专业本科课程明细及毕业去向	第一学年课程：消费者行为；研究与就业技能；管理概论；休闲环境；活动管理概论；休闲和旅游管理 第二学年课程：人力资源问题；会计研究；商业研究方法；休闲与体育活动；服务营销；公司活动 第三学年课程：实习；出国学习 第四学年课程：节庆、活动和文化旅游；电子商务战略；活动与旅游的当代议题；活动管理（选修课程：服务概论；商业计划；人力资源管理；研究论文；管理会计；服务营销管理） 毕业去向：活动管理人；项目管理人；休闲管理人；旅游管理人；志愿者管理人；销售和营销管理人
全脱产国际活动管理专业硕士课程设置及毕业去向	课程设置：观光景区与活动；商业绩效；活动管理；战略营销；管理和领导员工；研究方法和商业项目（选修课程：研究方法与论文；文化、旅游与创意；成功竞标） 毕业去向：展览会、促销和产品发布、筹款活动和社交活动；公共部门、私有部门、非营利组织部门；活动管理公司、组织的内部机构；自由职业者；活动的市场研究，顾客的顾问和联络官，制作活动项目建议书

资料来源：根据 https：//www.ulster.ac.uk/ 整理。

西伦敦大学的活动管理专业

Event Management in University of West London

学位	荣誉文学士 BA（Hons）
学制	本科学制 3 年
课程明细	第一学年：活动策划；活动环境；学术开发与就业能力；活动运营与后勤；管理和领导原理；会计和财务概论
	第二学年：应用活动管理；人力资源管理；销售和营销；活动制作；管理者的研究方法（选修课程：公司活动；管理体育赛事；庆典活动；音乐和实况活动业；餐馆和功能管理；理解商业旅游）
	第三学年：活动影响和再生；战略管理；当代议题和变革管理；服务产业论文或商业项目（选修课程：战略活动沟通；活动与社会科学；企业家精神和小企业；风险管理；管理活动场地；管理活动员工；战略性餐饮管理；特殊兴趣旅游）
毕业去向	活动组织者；活动策划人；筹款经理；节庆管理人；活动设计人；活动后勤管理；场地经理；活动和项目专员；活动客户专员；活动助理

资料来源：根据 http：//www.uwl.ac.uk/整理。

威斯敏斯特大学的活动管理专业

Event Management in University of Westminster

学位	荣誉文学士 BA（Hons）Event Management；文科硕士 MA Events and Conference Management
旅游与活动管理专业本科课程明细及毕业去向	第一学年课程：旅游的当代议题；旅游和活动中的接待；语言；活动管理原理；旅游和活动中的战略规划；研究技能与就业能力；理解活动；理解旅游
	第二学年课程：活动运营；活动制作；盛事之都；遗产旅游；语言；旅游和活动营销；体育旅游；航空业；研究过程；旅游体验
	第三学年课程：奖励活动、颁奖活动和赞誉活动；消费的城市；活动管理中的决定性主题；论文；旅游和活动的就业能力；活动技术；语言；机场管理；大型活动和都市再生；发展中的世界，有责任的旅游；搭设一个活动；旅游的政治；旅游和地中海：比较研究
	毕业去向：酒店管理、会议和活动管理、旅游和策划咨询、航空业、营销、人力资源、旅游运营、网页设计和管理、政府/公共部门、城镇策划/开发行业
活动与会议管理硕士专业硕士课程设置及毕业去向	课程设置：会议和活动策划；论文；活动和会议营销；活动构思（选修课程：机场规划与管理；景区和活动的创意体验开发；节庆、文化和地点；大型活动；专业实践；旅游与城市）
	毕业去向：私有和公共部门；会议和活动策划，场地管理，目的地营销；会议局，专业会议组织者，活动管理者，场地推广者

资料来源：根据 http：//www.uwl.ac.uk//整理。

温彻斯特大学的活动管理专业

Event Management in University of Winchester

学位	荣誉文学士 BA（Hons）
学制	本科学制 3 年
课程明细	第一学年：学术和职业研究概述；负责任的活动管理；活动概论；人员与组织；持续学术和职业研究；活动运营概论；营销原理；财务管理
	第二学年：应用管理研究；会奖；整合营销传播；场地管理；运动和大型活动（选修课程：创意、设计和创意；人员资源；商业可持续性；学术实践开发；有效的企业家精神；当代商业沟通；消费者行为学；关系营销；全球化与多样化；运营管理；志愿活动；国外学习-活动管理）
	第三学年：活动管理应用；论文、研究当代管理议题、实习或咨询项目活动管理的当代议题；节庆和文化活动；战略品牌管理（选修课程：实用企业家精神；学术实践开发；项目管理；商业伦理；数字营销；人员参与和开发；社交企业；变革管理）
毕业去向	活动管理公司、场地、休闲部门、节庆联盟、旅游组织、出版发行、体育和娱乐活动

资料来源：根据 http：//www.winchester.ac.uk/pages/home.aspx 整理。

威斯敏斯特大学的活动管理专业

Event Management in University of Westminster

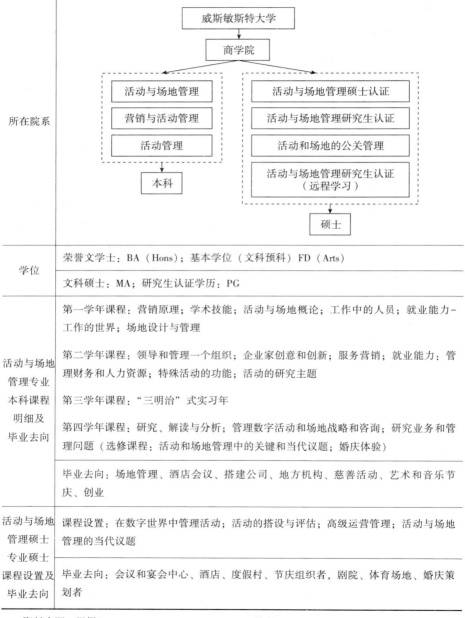

所在院系	威斯敏斯特大学 → 商学院 活动与场地管理 营销与活动管理 活动管理 → 本科 活动与场地管理硕士认证 活动与场地管理研究生认证 活动和场地的公关管理 活动与场地管理研究生认证（远程学习） → 硕士
学位	荣誉文学士：BA（Hons）；基本学位（文科预科）FD（Arts）
	文科硕士：MA；研究生认证学历：PG
活动与场地管理专业本科课程明细及毕业去向	第一学年课程：营销原理；学术技能；活动与场地概论；工作中的人员；就业能力-工作的世界；场地设计与管理
	第二学年课程：领导和管理一个组织；企业家创意和创新；服务营销；就业能力；管理财务和人力资源；特殊活动的功能；活动的研究主题
	第三学年课程："三明治"式实习年
	第四学年课程：研究、解读与分析；管理数字活动和场地战略和咨询；研究业务和管理问题（选修课程：活动和场地管理中的关键和当代议题；婚庆体验）
	毕业去向：场地管理、酒店会议、搭建公司、地方机构、慈善活动、艺术和音乐节庆、创业
活动与场地管理硕士专业硕士课程设置及毕业去向	课程设置：在数字世界中管理活动；活动的搭设与评估；高级运营管理；活动与场地管理的当代议题
	毕业去向：会议和宴会中心、酒店、度假村、节庆组织者，剧院、体育场地、婚庆策划者

资料来源：根据 https：//www. westminster. ac. uk//整理。

美国开设活动管理专业的部分高校基本情况（11所）

乔治·华盛顿大学的体育、活动与接待管理专业
Sport，Event & Hospitality Management

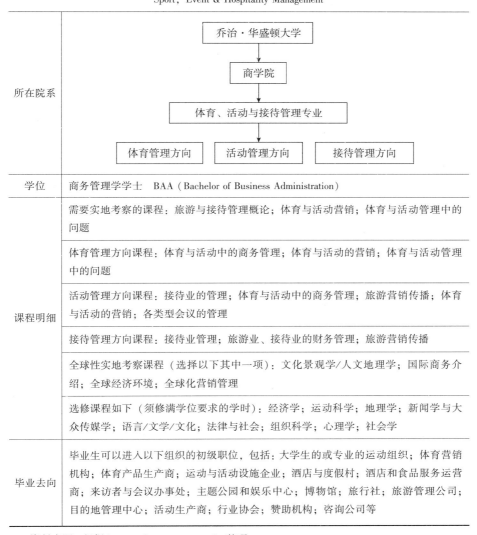

所在院系	乔治·华盛顿大学 → 商学院 → 体育、活动与接待管理专业 → 体育管理方向　活动管理方向　接待管理方向
学位	商务管理学学士　BAA（Bachelor of Business Administration）
课程明细	需要实地考察的课程：旅游与接待管理概论；体育与活动营销；体育与活动管理中的问题
	体育管理方向课程：体育与活动中的商务管理；体育与活动的营销；体育与活动管理中的问题
	活动管理方向课程：接待业的管理；体育与活动中的商务管理；旅游营销传播；体育与活动的营销；各类型会议的管理
	接待管理方向课程：接待业管理；旅游业、接待业的财务管理；旅游营销传播
	全球性实地考察课程（选择以下其中一项）：文化景观学/人文地理学；国际商务介绍；全球经济环境；全球化营销管理
	选修课程如下（须修满学位要求的学时）：经济学；运动科学；地理学；新闻学与大众传媒学；语言/文学/文化；法律与社会；组织科学；心理学；社会学
毕业去向	毕业生可以进入以下组织的初级职位，包括：大学生的或专业的运动组织；体育营销机构；体育产品生产商；运动与活动设施企业；酒店与度假村；酒店和食品服务运营商；来访者与会议办事处；主题公园和娱乐中心；博物馆；旅行社；旅游管理公司；目的地管理中心；活动生产商；行业协会；赞助机构；咨询公司等

资料来源：根据 http：//business.gwu.edu/整理。

强生威尔大学的体育赛事、演艺娱乐、活动管理专业
Sports, Entertainment, Event - Management in Johnson & Wales University

所在院系	强生威尔大学 ↓ 接待业管理学院 ↓ 体育赛事、演艺娱乐、活动管理 ↓ 体育赛事管理方向　演艺娱乐管理方向　活动管理方向
学位	体育赛事、演艺娱乐、活动管理学学士 BS
课程设置	第一学年——学习专业基础课程；第二学年——选择专业研究方向：活动管理方向；演艺娱乐管理方向；体育赛事管理方向 必修课程： 财务会计；职业生涯规划；金融学；电子表格设计（商业方法）；商业法律环境；市场营销原理；人力资源管理；体育赛事、演艺娱乐、活动管理行业介绍；学术研讨会；商务事件管理；实习；酒店、体育、娱乐与活动管理中的谈判与协商
各研究方向的课程明细	活动管理方向课程： 危机处理；特殊活动礼节；婚礼与典礼策划；音乐会与活动制作；慈善活动的作用；赞助与销售及其关系管理；国际展览会与节事活动；活动管理先进方法 演艺娱乐管理方向课程： 体育赛事、演艺娱乐、活动管理行业中的饮食业；商务娱乐；体育赛事、演艺娱乐、危机处理；售票工具与数据分析；音乐会与活动制作；电视与电影制作管理；赞助与销售及其关系管理；国际体育赛事、演艺娱乐、节事活动与场馆管理 体育赛事管理方向课程： 商务体育；辅助服务与收益管理；售票工具与数据分析；专业体育赛事管理；运动教练与管理；新媒体学说；赞助与销售及其关系管理；体育赛事与节事活动市场营销
毕业去向	业余或专业的运动队、演艺娱乐场馆、策划或管理会议、贸易展览及节事活动

资料来源：根据 https://www1.jwu.edu/整理。

东北州立大学的接待与旅游管理专业

Hospitality and Tourism Management in Northeastern State University

所在院系	<p style="text-align:center">东北州立大学</p><p style="text-align:center">↓</p><p style="text-align:center">商学与科技学院</p><p style="text-align:center">↓</p><p style="text-align:center">市场营销、接待与供应链管理系</p><p style="text-align:center">↓</p><p style="text-align:center">接待与旅游管理专业</p><p style="text-align:center">会议管理方向　旅游目的地发展方向　竞技娱乐方向</p>
学位	工商管理学士 B. B. A.
专业说明	该专业课程分为既相互区别又相互关联的三个研究方向：会议管理方向、旅游目的地发展方向、竞技娱乐方向。学生可自主选择一个或多个领域进行学习研究
课程明细	专业基础课程： 财务会计概论；宏观经济学；信息系统原理；管理会计概论；商务沟通；管理学；运营管理学；市场营销；商务统计；统计方法；商务决策的定量方法；金融学；会议与目的地管理法律法规；商业策略 专业必修课程： 旅游业概论；竞技娱乐业管理；酒店运营与餐饮；会议管理；服务行业管理；目的地开发；酒店组织与管理；实习；旅游市场营销
毕业去向	未来就业方向主要为酒店管理、客户服务、节事活动组织管理、市场营销

资料来源：根据 https：//www.nsuok.edu/整理。

内华达大学拉斯维加斯分校的接待业管理专业

Hospitality Management in University of Nevada, Las Vegas

所在院系	
	内华达大学拉斯维加斯分校 ↓ 酒店管理学院 ↓ 管理、创业、科技系 ↓ 接待业管理专业
学位	接待业管理学士 BS；接待业管理学硕士 EMBA；接待业管理学博士 DBA
学制	本科 4 年制
课程 设置目标	（1）提高与不同受众的语言、书写、视觉化与数字化模式的沟通效率； （2）分析与解决人力资源问题； （3）学习接待业危机处理的方法，增强风险处理的能力； （4）分析接待业运营中的财务、市场营销、运营结构及收入情况； （5）掌握接待业运营中使用的管理技术； （6）设置符合专业方向的实习与实践活动
课程明细	必修课程： 会议业概论；会议规划；贸易展览运营 选修课程： 会展服务管理；会展设施管理；展览服务；展示管理；出展管理
毕业去向	主要从事接待业管理、会议与活动管理、餐饮管理、竞技体育管理、专业高尔夫业管理五大方向的职业 学校提供酒店管理硕士学位学习课程供本科生毕业后考取就读，同时该学院设有接待业管理博士学位

资料来源：根据 https：//www.unlv.edu/整理。

普渡大学的接待与旅游管理专业
Hospitality and Tourism Management in Purdue University

所在院系	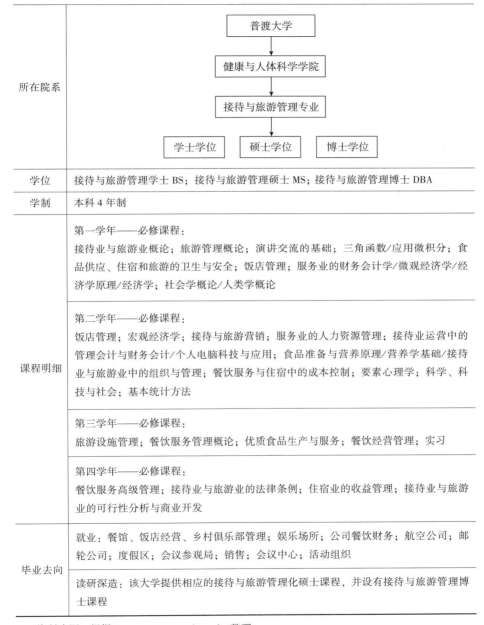
学位	接待与旅游管理学士 BS；接待与旅游管理硕士 MS；接待与旅游管理博士 DBA
学制	本科 4 年制
课程明细	第一学年——必修课程： 接待业与旅游业概论；旅游管理概论；演讲交流的基础；三角函数/应用微积分；食品供应、住宿和旅游的卫生与安全；饭店管理；服务业的财务会计学/微观经济学/经济学原理/经济学；社会学概论/人类学概论
	第二学年——必修课程： 饭店管理；宏观经济学；接待与旅游营销；服务业的人力资源管理；接待业运营中的管理会计与财务会计/个人电脑科技与应用；食品准备与营养原理/营养学基础/接待业与旅游业中的组织与管理；餐饮服务与住宿中的成本控制；要素心理学；科学、科技与社会；基本统计方法
	第三学年——必修课程： 旅游设施管理；餐饮服务管理概论；优质食品生产与服务；餐饮经营管理；实习
	第四学年——必修课程： 餐饮服务高级管理；接待业与旅游业的法律条例；住宿业的收益管理；接待业与旅游业的可行性分析与商业开发
毕业去向	就业：餐馆、饭店经营、乡村俱乐部管理；娱乐场所；公司餐饮财务；航空公司；邮轮公司；度假区；会议参观局；销售；会议中心；活动组织
	读研深造：该大学提供相应的接待与旅游管理化硕士课程，并设有接待与旅游管理博士课程

资料来源：根据 http：//www.purdue.edu/整理。

佛罗里达州立大学的接待业管理专业

Hospitality Management in University of Central Florida

所在院系	佛罗里达州立大学 ↓ 接待管理学院 ↓ 接待服务系 ↓ 接待业管理专业
学位	接待业管理学士 BS
学制	本科 4 年制
课程明细	基础课程： 商务计算机基础；统计方法；宏观经济学；微观经济学；基础心理学；社会学概论；基础人类学 必修课程： 食品生产工业；顾客服务管理；接待业财务会计；接待业管理会计；接待与旅游管理；接待业人力资源管理；接待业信息系统；接待业与旅游业的法律环境；接待业金融学；饭店运营；餐饮管理；旅游管理；会展业；场馆共享原理；主题公园与旅游景点管理；俱乐部管理；实习
毕业去向	主要有主题公园与旅游景点、餐饮饭店、娱乐场所、会议中心、活动组织、高尔夫球场等就业方向

资料来源：根据 https：//www.ucf.edu/整理。

休斯敦大学的接待业管理专业

Hospitality Management in University of Houston

所在院系	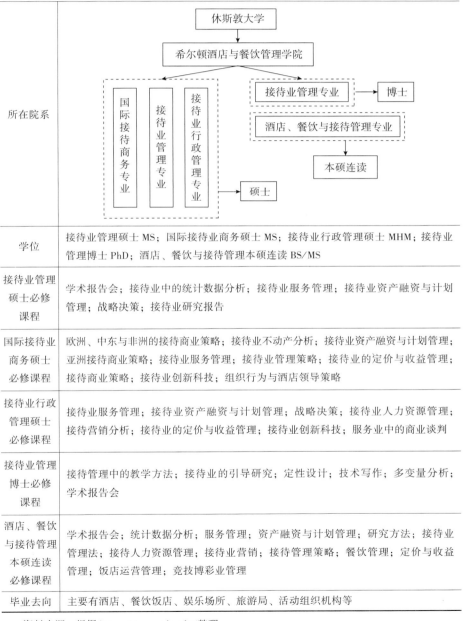
学位	接待业管理硕士 MS；国际接待业商务硕士 MS；接待业行政管理硕士 MHM；接待业管理博士 PhD；酒店、餐饮与接待管理本硕连读 BS/MS
接待业管理硕士必修课程	学术报告会；接待业中的统计数据分析；接待业服务管理；接待业资产融资与计划管理；战略决策；接待业研究报告
国际接待业商务硕士必修课程	欧洲、中东与非洲的接待商业策略；接待业不动产分析；接待业资产融资与计划管理；亚洲接待商业策略；接待业服务管理；接待业管理策略；接待业的定价与收益管理；接待商业策略；接待业创新科技；组织行为与酒店领导策略
接待业行政管理硕士必修课程	接待业服务管理；接待业资产融资与计划管理；战略决策；接待业人力资源管理；接待营销分析；接待业的定价与收益管理；接待业创新科技；服务业中的商业谈判
接待业管理博士必修课程	接待管理中的教学方法；接待业的引导研究；定性设计；技术写作；多变量分析；学术报告会
酒店、餐饮与接待管理本硕连读必修课程	学术报告会；统计数据分析；服务管理；资产融资与计划管理；研究方法；接待业管理法；接待人力资源管理；接待业营销；接待管理策略；餐饮管理；定价与收益管理；饭店运营管理；竞技博彩业管理
毕业去向	主要有酒店、餐饮饭店、娱乐场所、旅游局、活动组织机构等

资料来源：根据 http：//www. uh. edu/整理。

圣地亚哥州立大学的酒店及旅游管理专业
Hospitality and Tourism Management in San Diego State University

所在院系	
简介	该专业是为了适应行业需求所设立的，主要通过设置 4 年制跨学科专业知识学习，设立研究所和学科可持续发展研究来保证人才培育符合产业需求
教学目标	为学生提供与丰富旅游业资源相关的产业资源，使之能进行有效的学习。HTM 课程的设置（Hospitality and Tourism Management）是实践与梦想的结合，学校目标将从圣地亚哥大学毕业的学生打造成拥有扎实商业基础和清晰把握行业需求和复杂性的人才
教学特色	一方面，学校鼓励学生加入到当地行业协会，或充当其中的志愿者，以经历、经验培育学生的领导能力，为学生提供拓展人际网络的平台；另一方面，学校对学生实习的指导，学生要将课室延伸到真实世界中，每一位学生都要完成至少 300 小时以上的实习，并深入到行业中去体会感受
课程设置	会议策划基础；餐饮策划；活动营销与促销；场地选择与合同协商；会议和活动的财务管理；视听基础；职业发展（选修课程：特殊活动概论；建立个人活动策划业务；博览会与节庆；赞助与筹资—非营利活动策划；目的地管理；活动设计与制作；婚礼与社会活动；技术工具；会议和活动行业有效的网络和简历）
毕业去向	国家、地区的政府管理部门，尤其是经济部门；酒店、度假村、餐厅等向商务、休闲旅行者和游客提供住宿和餐饮服务的企业；会议、旅游局、目的地管理公司、目的地管理中心等

资料来源：根据 http://ces.sdsu.edu/整理。

圣地亚哥州立大学的会议与活动策划职业资格认证

Professional Certificate in Meeting and Event Planning in San Diego State University

所在院系	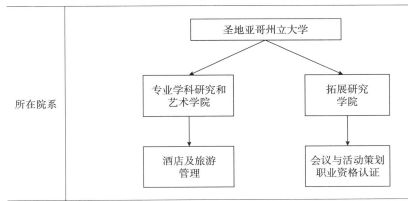
会议与活动策划职业资格认证	简介：该课程是为了给在会议与活动策划行业中的新人提供一个对于知识和技能系统化提升机会的课程。学生在此将能在学识和实践技能上得到提升
	课程设置：会议策划基础；食品和饮料规划；事件营销与推广；选址和合同谈判；会议和活动的财务管理；视听基础；专业发展（选修课程：特殊活动介绍；会议和事件日程；展览会和事件的安全；活动设计与制作；婚礼和社会活动；有效的网络；艺术销售；慈善机构筹资；会议设计使用；节日和公共活动）
	课程要求：参加课程的学生必须在两年内完成 7 个必修课程和 18 个小时的选修课程，同时要求学生必须参与所有课程的教学以顺利通过考核
	必修课程： 会议策划基础——9 小时；食品和饮料规划——6 小时； 事件营销与推广——6 小时；选址和合同谈判——13 小时； 会议和活动的财务管理——6 小时；视听基础——6 小时； 专业发展——6 小时
	选修课程（修满 18 小时）： 特殊活动介绍——6 小时；会议和事件日程——6 小时； 展览会和事件的安全——9 小时；活动设计与制作——6 小时； 婚礼和社会活动——9 小时；有效的网络——6 小时； 艺术销售——3 小时；慈善机构筹资——6 小时； 会议设计使用——6 小时；节日和公共活动——6 小时

资料来源：根据 http：//arweb. sdsu. edu/整理。

天普大学旅游和酒店管理专业、体育与娱乐管理专业

Sport and Recreation Management & Tourism and Hospitality Management in Temple University

所在院系	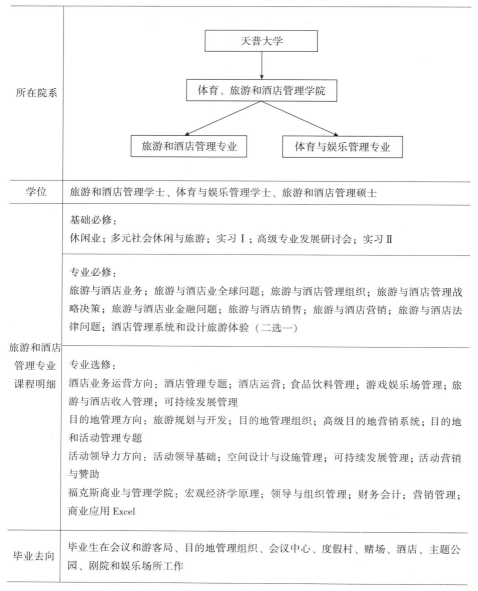
学位	旅游和酒店管理学士、体育与娱乐管理学士、旅游和酒店管理硕士
旅游和酒店管理专业课程明细	**基础必修：** 休闲业；多元社会休闲与旅游；实习Ⅰ；高级专业发展研讨会；实习Ⅱ **专业必修：** 旅游与酒店业务；旅游与酒店业全球问题；旅游与酒店管理组织；旅游与酒店管理战略决策；旅游与酒店业金融问题；旅游与酒店销售；旅游与酒店营销；旅游与酒店法律问题；酒店管理系统和设计旅游体验（二选一） **专业选修：** 酒店业务运营方向：酒店管理专题；酒店运营；食品饮料管理；游戏娱乐场管理；旅游与酒店收入管理；可持续发展管理 目的地管理方向：旅游规划与开发；目的地管理组织；高级目的地营销系统；目的地和活动管理专题 活动领导力方向：活动领导基础；空间设计与设施管理；可持续发展管理；活动营销与赞助 福克斯商业与管理学院：宏观经济学原理；领导与组织管理；财务会计；营销管理；商业应用 Excel
毕业去向	毕业生在会议和游客局、目的地管理组织、会议中心、度假村、赌场、酒店、主题公园、剧院和娱乐场所工作

续表

天普大学旅游和酒店管理专业、体育与娱乐管理专业

Sport and Recreation Management & Tourism and Hospitality Management in Temple University

体育与娱乐管理专业课程明细	基础必修： 休闲业；多元社会休闲与旅游；实习Ⅰ；高级专业发展研讨会；实习Ⅱ
	专业必修： 体育与社会；体育与娱乐组织战略；运动休闲管理；运动休闲娱乐体系；运动休闲经济；运动休闲研究；营销管理体育与休闲；体育与休闲法律与伦理；运动休闲中的伦理问题
	专业选修： 管制与政策方向：体育场/竞技场设计与管理；运动管理；职业与国际运动；娱乐与休闲服务管理 运动休闲促销方向：运动休闲娱乐与传播；体育娱乐消费者行为；运动休闲高级营销体育娱乐销售管理 活动领导力方向：活动领导基础；会议管理；可持续发展管理；活动市场营销与赞助 福克斯商业与管理学院：宏观经济学原理；领导与组织管理；财务会计；营销管理；商业应用 Excel
毕业去向	毕业生在私营/商业部门、公共娱乐和公园机构、专业运动企业、运动机构、志愿机构等从事相关工作

资料来源：根据 http://sthm.temple.edu/整理。

印第安纳大学—普渡大学印第安纳波利斯联合分校的旅游、会议和活动管理专业

Tourism, Conventions & Event management in Indiana University–Purdue University Indianapolis

所在院系	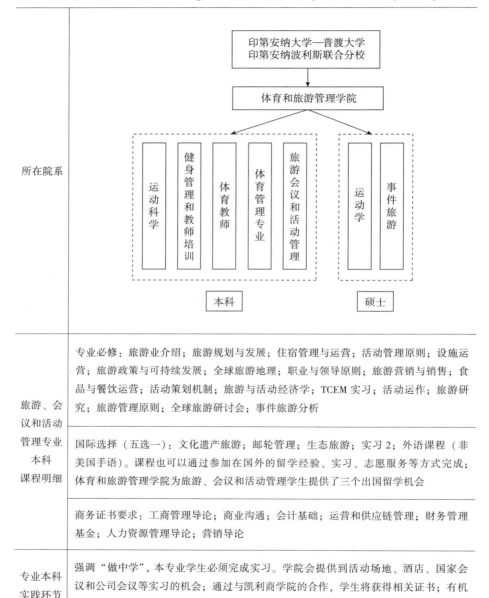
旅游、会议和活动管理专业本科课程明细	专业必修：旅游业介绍；旅游规划与发展；住宿管理与运营；活动管理原则；设施运营；旅游政策与可持续发展；全球旅游地理；职业与领导原则；旅游营销与销售；食品与餐饮运营；活动策划机制；旅游与活动经济学；TCEM 实习；活动运作；旅游研究；旅游管理原则；全球旅游研讨会；事件旅游分析
	国际选择（五选一）：文化遗产旅游；邮轮管理；生态旅游；实习 2；外语课程（非美国手语）。课程也可以通过参加在国外的留学经验、实习、志愿服务等方式完成；体育和旅游管理学院为旅游、会议和活动管理学生提供了三个出国留学机会
	商务证书要求：工商管理导论；商业沟通；会计基础；运营和供应链管理；财务管理基金；人力资源管理导论；营销导论
专业本科实践环节	强调"做中学"，本专业学生必须完成实习。学院会提供到活动场地、酒店、国家会议和公司会议等实习的机会；通过与凯利商学院的合作，学生将获得相关证书；有机会和当地组织合作，完成一个活动项目，处理现实问题

印第安纳大学—普渡大学印第安纳波利斯联合分校的旅游、会议和活动管理专业

Tourism，Conventions & Event management in Indiana University–Purdue University Indianapolis

辅修专业课程	针对非活动管理专业学生，基本要求：所有课程得 C 或更好的成绩，总体 GPA 要求为 2.0
	必修课程：旅游业导论；活动管理原理；活动策划；活动运营
	选修课程：从以下课程任选一门修够 3 小时：特殊事件管理；体育赛事管理；展览营销；国际会议规划；非营利会议管理
事件旅游专业硕士课程明细	研究型：使用数据进行管理和营销研究，在管理体育和文化活动或战略会议时做决策 必修课程：健康、运动和娱乐研究导论；数据在健康、运动和休闲中的解读；硕士论文；研究生水平统计课程 重点课程：事件旅游基金；事件旅游营销；事件旅游经济学；体育旅游管理；**文化旅游管理**；战略会议管理 先修课程：全球旅游研讨会；本科生统计课程 选修课程：有效决策统计分析；数据分析与建模——公共事务；非营利和自愿部门；非营利组织人力资源管理；非营利部门的管理；非营利组织财务管理；公共事务专题；非营利组织资金开发；管理科学
	体育赛事旅游型：在体育委员会、商会、事件所有权等方面担任管理职务 基础课程：健康、运动和休闲业数据分析；应用体育赛事研究；事件旅游基金 重点课程：事件旅游营销；事件旅游经济学；体育旅游管理；运动营销和赞助；**体育环境中的法律问题** 实践课程：硕士咨询项目

政策法规

各省市自治区促进展览业/会展业发展意见

　　2015年国务院印发了《关于进一步促进展览业改革发展的若干意见》（国发〔2015〕15号文件）后，各省市自治区积极贯彻号召，转发国务院文件并纷纷出台相关实施意见或实施方案（见图1），其中河南在2014年就出台了促进会展业发展的办法。

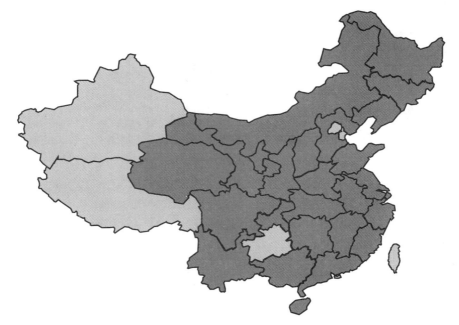

图1　各地展览业或会展业促进意见示意图（深色区域为出台意见地区）

　　同时从省层面来看，各地也设立了会展业发展资金，并出台相关管理办法，如海南于2015年出台了《海南省会展业发展专项资金管理暂行办法》，宁夏于2016年出台了《宁夏回族自治区会展业发展专项资金管理办法（暂行）》（见表1）。

表 1　2014~2017 年中国各省（市、自治区）促进会展政策一览表

省　份	年份	政　策　名
河　南	2014	《河南省促进会展业发展暂行办法》
浙　江	2015	《浙江省人民政府办公厅关于进一步促进展览业发展的实施意见》
安　徽	2015	《安徽省人民政府办公厅关于印发加快展览业改革发展实施方案的通知》
福　建	2015	《促进展览业改革发展实施方案》
湖　北	2015	《关于进一步促进展览业改革发展的实施意见》
重　庆	2015	《重庆市人民政府关于进一步促进会展业改革发展的实施意见》
山　东	2015	《山东省人民政府关于贯彻国发〔2015〕15 号文件促进会展业改革发展的意见》
河　北	2015	《河北省人民政府关于促进展览业改革发展的实施意见》
黑龙江	2015	《黑龙江省人民政府关于促进展览业改革发展的实施意见》
吉　林	2015	《吉林省人民政府办公厅关于加快全省展览业改革发展的实施意见》
陕　西	2015	《陕西省人民政府关于进一步促进展览业改革发展的实施意见》
甘　肃	2015	《甘肃省人民政府办公厅关于进一步促进全省展览业发展的实施意见》
海　南	2015	《海南省人民政府办公厅关于印发海南省会展业发展专项资金管理暂行办法的通知》
宁　夏	2015	《自治区人民政府办公厅关于加快发展会展业的实施意见》
青　海	2015	《青海省进一步促进展览业改革发展的实施方案》
上　海	2016	《关于促进本市展览业改革发展的实施意见》
广　东	2016	《广东省进一步促进展览业改革发展的实施方案》
江　苏	2016	《省政府关于促进展览业改革发展的实施意见》
湖　南	2016	《湖南省人民政府办公厅关于促进会展业改革发展的实施意见》
四　川	2016	《四川省人民政府关于进一步促进展览业改革发展的实施意见》
江　西	2016	《江西省人民政府关于促进展览业改革发展的实施意见》
山　西	2016	《山西省人民政府关于促进会展经济发展的若干意见》
云　南	2016	《云南省人民政府关于进一步促进展览业改革发展的实施意见》
广　西	2016	《广西壮族自治区人民政府关于印发进一步促进展览业改革发展实施方案的通知》
内蒙古	2016	《内蒙古自治区人民政府关于促进展览业改革发展的实施意见》
辽　宁	2017	《辽宁省人民政府关于加快展览业改革发展的实施意见》

全国城市层面会展业促进政策

本文搜集了全国城市层面的会展促进政策，共计 21 个城市，除东莞和珠海外，其余均为副省级或以上等级城市。因篇幅关系，本部分政策仅罗列涉及会展业发展的具体促进政策，各类实施意见中相关保障措施等未详细列出（见表 2，截止日期为 2016 年 12 月 31 日）。

表 2 城市层面会展业促进政策

城市/地区	年份	会展促进政策
北京	2006	《北京市文化创意产业发展专项（试行）》 第三章 资助范围和资助方式 第九条 专项资金主要支持文艺演出、出版发行和版权贸易、影视制作和交易、动漫与研发制作和交易、广告会展、古玩及艺术品交易、设计创意、文化旅游等文化创意行业
	2012	《关于促进我市商业会展业发展的通知》 1. 鼓励引进具有国际影响力的展会，对新引进的国际展会，并满足条件的，在京办展的前三届，每届给予主办方不超过 50% 的场租费用支持、最高不超过 500 万元 2. 对《北京引导支持品牌展会名录》中满足条件的品牌展会，每届给予主办方不超过 100 万元奖励资金。具体条件如下： （1）已在北京市连续举办两届； （2）展览面积不低于 2 万平方米 3. 给予北京市会展公共信息服务平台建设单位不超过 50% 的费用支持、总额最高不超过 300 万元 4. 对于室内面积 20000 平方米以上（含 20000 平方米）的专业展馆设施改造发生的贷款给予不高于 50% 的贴息，每年贴息额度不超过 500 万元，贴息年限不超过两年 5. 对会展企业在这些培训机构中进行的员工业务培训给予必要的资金支持

城市/地区	年份	会展促进政策
北京	2013	《北京市"十二五"时期会展业发展规划》 1. 专设会展业管理机构，尽快研究设置独立的北京市会展产业发展促进机构作为行业行政主管部门 2. 建立会展联席会议制度，建立由市政府主要领导担任组长，"北京市会展产业发展促进局"牵头组织，会展相关部门和企业参加的会展联席会制度 3. 出台"北京市会展业发展管理办法"，对会展管理体制和协调机制加以明确；建立会展业发展专项资金，市财政每年安排一定的资金（不低于 3000 万元）专项支持会展业发展
	2015	《北京市外经贸发展专项资金管理实施细则》 第五条 外经贸专项资金的使用范围包括以下几方面： （五）支持促进商业会展业发展
	2016	《怀柔区促进区域经济转型发展专项资金支持政策》 1. 在品牌会展活动方面：①国内会议：最高给予 15 万元支持。②国际会议：最高给予 30 万元支持。③连续性会展项目：对于连续 3 届在怀柔举办的会议会展项目将给予逐年递增的资金支持。④国际组织认证会议会展项目：对取得国际会议协会（ICCA）、国际展览业协会（UFI）等国际组织认证的会议会展项目，除以上资金支持外再给予一次性 20 万元的奖励。⑤重大品牌会展活动：在怀柔区举办的具有重大国际国内影响力的品牌会议会展活动，采取"一事一议"方式给予资金奖励 2. 在知名会展企业方面：对在怀注册经营或设立分支机构的会展服务类企业（场馆除外），年营业收入首次达到 1000 万元（含）、3000 万元（含）和 5000 万元（含）的，分别给予不高于 20 万元、50 万元和 100 万元的一次性资金奖励
		《顺义区促进会展业发展财政扶持意见》 1. 会展组办补贴：对在本区新注册的会展组办机构以及大型专业会展公司，自开业年度起，对每年组办会展业务形成的地方财政收入留成部分，第 1 年给予 70%补贴，第 2 年给予 50%补贴，第 3 年至第 5 年给予 30%补贴 2. 展会直接服务补贴：在本区新注册的大型展台设计搭建公司、会展物流公司、会展广告公司、会议服务公司、会展信息技术服务公司，对从事展会业务形成的地方财政收入留成部分，第 1 年给予 70%补贴，第 2 年给予 50%补贴，第 3 年至第 5 年给予 30%的补贴 3. 会展宣传经费补贴：在本区新注册的会展组办机构以及大型专业会展公司在区内举办展会的宣传费用，给予一次性不超过 5 万元人民币的资金补贴 4. 会展奖励经费：①主要用于会展主管部门争（申）办各类规模大、效益好或能长期在本区举办的全国性大型专业展会的各种工作经费；②对帮助引进会展组办机构、大型专业会展公司并在本区注册以及委促进会展业发展做出突出贡献的单位和个人给予 5 万至 10 万元人民币奖励；③全区会展业政策研究、行业统计、同业交流、总结表彰等经费支出

城市/地区	年份	会展促进政策
北京	2016	5. 引进会展专业高级人才：对在本区新注册的会展组办机构以及大型专业会展公司紧缺急需的符合北京市人才引进条件的人员，由区人事局协助办理调京手续并办理本市户口
上海	2013	《青浦区关于加强招商引资，加快推动现代服务业和先进制造业发展的若干意见》 1. 对在本区举办 2 次以上（双年展 2 次）、具有国际影响力和规模的大型品牌展会，经认定，给予主办方最高不超过 60 万元的一次性奖励。其中"大型品牌展会"，是指单次国际、国内知名产品展览面积在 5 万平方米以上，其中国外展商租用面积占总展览面积 10%以上的展览会，并具有国际、国家、市级会展权威机构认证 2. 对在本区举办 2 次以上（双年展 2 次）、处于培育阶段但产业特色明显，展览面积在 1 万~5 万平方米的特色展会，经认定，给予主办方最高不超过 30 万元的一次性补贴 3. 对按《上海国际展览会项目评估细则（试行）》获评"上海市品牌展会"或"上海市优秀展会"的，分别给予主办方一次 50 万元或 30 万元奖励 4. 对于参加上述会议的大型采购商，经认定，给予青浦区指定宾馆不超过 2 个房间 2 个晚上的住房奖励 5. 对注册本区且税收缴纳在本区的专业会展公司及会展配套服务公司，经审定，从事会展业务的年营业收入首次超过 1000 万元，给予 10 万元一次性奖励；首次超过 2000 万元，给予 20 万元一次性奖励；首次超过 3000 万元，给予 30 万元一次性奖励 6. 对知名品牌会展公司（年组办会展营业收入超过 3000 万元）落户我区，注册设立分公司或合资公司，一次性给予 10 万元的奖励 7. 对获 UFI（国际展览业协会）认证的固定在本区举办的会展或在本区注册的展览机构，给予认证费用及认证后 3 年的会员费资助，每个会展或展览机构的补贴金额原则上不超过 50 万元 8. 加大会展宣传促销力度。每年从专项资金中安排不超过 500 万元，用于包括但不限于引进大型品牌展会、推介会展活动、塑造会展品牌、开发会展市场、会展平台建设、会展活动保障、举办专业会展业论坛、会展行业管理等专项服务活动 9. 鼓励发展专业的会展产业园。积极利用工业用地转型发展，专注吸引专业化会展公司、会展配套服务公司、会展工程企业落户会展产业园基地，打造完善的产业链环境，在转型政策上予以综合性扶持。对入户本区指定会展产业园的会展及相关配套企业给予前两年实际发生办公用房租金 50%的补贴，每家企业原则上每年租金补贴不超过 10 万元 10. 对在我区举办 2 次以上的具有重大影响力和规模的大型会议，经认定，对主办单位给予最高不超过 2 万元的一次性补贴

城市/地区	年份	会展促进政策
上海	2016	《青浦区加快发展现代服务业实施细则》 1. 积极利用工业用地转型发展，专注吸引专业化会展公司、会展配套服务公司、会展工程企业落户的会展特色产业园区或基地 2. 鼓励会展产业园区内展馆运营方改造提升设施以及利用新兴科技手段提升服务功能 3. 对新注册落户本区的会展业企业给予前两年实际发生办公用房租金 50% 的补贴，每家企业原则上每年租金补贴不超过 10 万元 4. 对国内外知名品牌会展主承办方落户上海青浦区，注册设立子公司或合资公司，一次性给予 30 万元的奖励 5. 从事会展业务营业收入占总收入比例不低于 60% 的会展业企业，经审定，从事会展业务的年营业收入首次超过 1000 万元，给予 10 万元一次性奖励；首次超过 2000 万元，给予 20 万元一次性奖励；首次超过 3000 万元，给予 30 万元一次性奖励 6. 支持展览和会议举办，对展览和会议举办主题和内容基本相似的，按照"扶优扶强"原则，对其中规模大的展览予以奖励 7. 加大会展宣传推介，营造良好的产业发展环境，用于上海青浦区会展业和会议、展览活动按实际发生费用予以 50% 补贴，单个项目补贴最高不超过 100 万元 《关于促进本市展览业改革发展的实施意见》 本实施意见主要包括建设高水平公共服务体系、提升展览业核心竞争力、打造透明、公平、高效的市场环境、健全展业政策扶持体系这几方面的举措
广州	2009	《广州市海珠区扶持会展业发展的若干意见》 1. 展会扶持措施 （1）首届在琶洲地区举办，并且承诺在琶洲地区连续举办五届以上、单届展览面积达到 6000 平方米以上的展会，前三届分别按实际租用场地租金 25%、20%、15% 的比例给予展览公司补贴，每届补贴最高金额原则上不超过 30 万元； （2）从广州市以外移至琶洲地区举办、并且承诺连续举办五届以上、单届展览面积 1 万平方米以上的展会，前三届分别按实际租用场地租金 25%、20%、15% 的比例对展览公司给予补贴，每届补贴最高金额原则上不超过 30 万元； （3）上述展会若对我区会展经济或者经济社会的发展具有重大积极影响的，经区经贸局审核、区政府批准，补贴比例可相应提高 5 个百分点，每届补贴最高限额可提高至 50 万元。若首次在琶洲办展（包括创办和迁入）展览面积达不到前述补贴条款要求的起点面积，则可从达到起点面积之届别开始，补贴三届，补贴届别可不连续，但计算跨度最多不超过前五届； （4）上述展会首次在琶洲地区举办展览面积即达到 10 万平方米以上的，当届补贴比例提高到 50%，最高补贴金额提高到 50 万元；

续表

城市/地区	年份	会展促进政策
广州	2009	（5）首次在琶洲地区办展的展览公司，可申请区经贸局协助办理展会有关手续，协调解决办展过程有关问题； （6）在琶洲地区举办的有影响、上规模的展会，区有关职能部门应当参照区重点总部企业绿色通道的做法，为其提供优质服务； （7）对在琶洲地区举办、展览面积 6000 平方米以上的展会，区公安等部门鼓励展览公司委托场馆代办展会有关手续 2. 展览企业扶持措施 （1）在我区新注册成立、纳税，或者由区外迁入我区注册、纳税的展览公司，每年经营展会展览面积 2 万平方米以上的，按照第一个完整纳税年度对区财政贡献金额的 50%给予一次性奖励，最高限额 50 万元； （2）在我区新注册成立，或者注册地址由区外变更为我区的展览服务机构，注册资金在 100 万元以上，按照第一个完整纳税年度对区财政贡献金额的 50%给予一次性奖励，最高限额 30 万元 3. 品牌化、国际化扶持措施 （1）若展会由国务院部门、省级政府、全国性行业协会或者国际著名展览公司主办、经营的，经区经贸局审核、区政府批准，补贴比例可适当提高标准，但不多于 10 个百分点，补贴最高限额可相应调高 20 万元； （2）若展览公司的主要股东是国际著名展览公司的，经区经贸局审核、区政府批准，奖励最高限额调高 20 万元； （3）国际著名展览公司在我区设立子公司、非独立法人分支机构、办事机构的，给予一次性资助，最高限额 20 万元； （4）在我区注册登记、纳税的展览公司在境外设立非独立法人分支机构、办事机构，给予 5 万元一次性资助；独资或者合资设立子公司的，给予 10 万元一次性资助； （5）在我区注册登记、纳税的展览公司或者其境外子公司，独自或者与人合作在境外举办定期展览，且每届展览面积 6000 平方米以上的，给予该展会每届不多于 20 万元的资助，可连续资助 3 届； （6）在我区注册登记、纳税的展览公司在区内举办的展会，展览面积 6000 至 30000 平方米，境外企业参展面积占 20%以上，对其海外推广费用（包括印制外文宣传品、海外媒体投放广告、其他形式推广活动的费用）给予 50%补贴，同一展会最多不超过 20 万元，同一公司一年内最多不超过 30 万元，同一公司历年累计不超过 100 万元
	2010	《广州市人民政府关于加快会展业发展的若干意见》 意见主要针对会展功能区的打造、会展企业的培育、会展业穗港澳台合作、会展业信息化等方面的宏观措施

城市/地区	年份	会展促进政策
广州	2010	《广州市会展业发展专项资金管理试行办法》 1. 资金使用的具体内容及标准 （1）对以广州为会展目的地进行整体推广或促进我市会展业发展的主题宣传（包括广告、杂志等宣传媒介）的设计、制作、推广等费用给予适当补助，原则上不超过专项资金规模的30%； （2）对新创办（即首届举办）的、现时广州没有同行业及同类题材的、展览面积达5000平方米以上（含5000平方米）的专业展，按3天实际场租的50%给予补助，每个项目最高不超过40万元； （3）对现有8000~20000平方米（含20000平方米）展览面积的展会，比上年（届）展览面积增长达20%以上，增加部分面积按3天实际场租的40%给予补助；对现有20000平方米以上至50000平方米（含50000平方米）展览面积的展会，比上年（届）展览面积增长达20%以上，增加部分面积按3天实际场租的30%给予补助；对现有50000平方米以上展览面积的展会，比上年（届）展览面积增长达20%以上，增加部分面积按3天实际场租的20%给予补助；以上三项奖励每个项目最高不超过30万元； （4）对从省外、境外引进落户我市的全国性或国际性优质展会，根据展览的规模和影响力给予首年一次性的奖励。其中，对落户的8000~20000平方米（含20000平方米）展览面积的展会，一次性奖励20万元；对落户的20000平方米以上至50000平方米（含50000平方米）展览面积的展会，一次性奖励30万元；对落户的50000平方米以上展览面积的展会，一次性奖励40万元。第二年起按本条第（三）项标准执行（如同时符合本条第（二）项标准的，只能申请其中一项）； （5）对专业化程度高、在我市连续举办10年以上（含10年）并不少于10届（含10届）的展会给予一次性奖励。其中，对申请当年规模在100000平方米以下（含100000平方米）展览面积的展会，一次性奖励10万元；对申请当年规模在100000平方米以上展览面积的展会，一次性奖励15万元（如符合条件可同时申请本条第（三）项补助）
	2013	《广州建设国际会展中心城市发展规划（2013—2020）》 规划主要明确了广州"1334"的国际会展中心城市功能定位，并指出要引导特色会展集聚区的发展，形成定位合理、区块特色明显的会展发展格局
	2016	《广州市商务发展第十三个五年规划（2016—2020年）》 规划就"建设国际会展中心城市、优化会展业空间布局、大力培育和引进国际品牌展会、大力发展会展总部经济、推动国际性会议业发展、加强会展行业管理和行业自律"方面提供了宏观层面的措施

城市/地区	年份	会展促进政策
广州	2016	《广州市人民政府关于印发广州市服务贸易创新发展试点实施方案的通知》 试点方案中主要涉及"引入全球顶级展会，提升展会国际化程度；建立广州市会展业发展部门间联席会议制度；引进国际会议机构，举办大型国际会议，培育会展业新增长极" 《广州市海珠区扶持会展业发展实施方案》 1. 展览企业扶持措施 （1）在海珠区新设立（含迁入，下同）的展览公司，展览业务年营业收入 200 万元以上的，给予奖励。公司展览业务年营业收入首次超过 200 万元的，给予一次性 5 万元奖励；首次超过 500 万元的，给予一次性 15 万元奖励；首次超过 1000 万元的，给予一次性 30 万元奖励。达到奖励条件的公司于下一年度兑现奖励。奖励金额按该公司达到的最高奖励标准执行，不重复奖励，公司展览业务年营业收入提高的，按奖励标准差额补足奖励。该款适用于 2013 年度至 2019 年度展览公司； （2）在海珠区新设立的展览服务公司，年服务展览面积 1 万平方米以上的，公司展览服务业务年营业收入 200 万元以上的，给予奖励。操作同上述第 1 项。该款适用于 2013 年度至 2019 年度展览服务公司； （3）展览公司在境外（含港澳台，下同）独资或合资设立子公司，且在境外举办展览面积 0.6 万平方米以上的展会的，在新办展年度或下一年度给予一次性 10 万元奖励；在境外设立非独立法人分支机构、办事机构，且在境外举办展览面积 0.6 万平方米以上的展会的，在新办展年度或下一年度给予一次性 5 万元奖励。每个公司在同一国家或地区原则上只享受一次奖励； （4）国际著名展览公司在海珠区设立子公司，且在海珠区举办展览面积 0.6 万平方米以上的展会的，给予一次性 20 万元奖励；在海珠区设立独立核算的非独立法人分支机构或办事机构，且在海珠区举办展览面积 0.6 万平方米以上的展会的，给予一次性 10 万元奖励。新设立的子公司或非独立法人分支机构或办事机构正常经营满 1 个完整自然年度后兑现奖励； （5）对新获得 UFI（国际展览业协会）认证的展览企业，给予 30 万元一次性奖励； （6）对海珠区社会经济发展做出突出贡献的展览企业，根据具体情况给予特别贡献奖励，具体奖励办法由区发展会展业工作领导小组办公室（简称"区会展办"）提请区发展会展业工作领导小组另行决定 2. 展会扶持措施 （1）首届在海珠区举办、承诺在海珠区连续举办 5 届以上、每届展览面积达到 0.6 万平方米以上的创新性题材的专业展会；或从广州市以外移至海珠区举办、承诺在海珠区连续举办 5 届以上、每届展览面积达到 1 万平方米以上的展会，前三届分别按场馆收取的展览服务费的 30%、20%、10% 比例给予展会经营方资金奖励，每届最高 30 万元；

城市/地区	年份	会展促进政策
广州	2016	1）若展会对海珠区会展经济或者经济社会的发展具有重大积极影响的，经营方可申请奖励比例提高 5 个百分点，每届奖励金额最高 50 万元。奖励金额经区发展会展业工作领导小组审议后报请区政府决定； 2）若展会由国务院部门、省级政府、全国性行业协会或者著名展览公司主办的，经营方可申请奖励比例提高，但不多于 10 个百分点，每届奖励金额最高 50 万元。奖励金额经区发展会展业工作领导小组审议后报请区政府决定； 3）若首次在海珠区办展（包括新创办和迁入，下同）展览面积即达到 10 万平方米以上的，经营方可申请奖励比例提高 5 个百分点，每届奖励金额最高 80 万元。奖励金额经区发展会展业工作领导小组审议后报请区政府决定 （2）若首次在海珠区办展，展览面积达不到前述奖励条款要求的起点面积的，则可从展览面积达到起点面积之届别开始，奖励 3 届，奖励届别可不连续，但计算跨度最多不超过前 5 届； （3）对在海珠区内举办展览面积 0.6 万平方米以上，且比上届展览面积有所增长的展会，给予展会经营方奖励，每届奖励最高 30 万元。其中，对展览面积 0.6 万平方米至 3 万平方米、展览面积增长 40% 以上的展会，以该届场馆收取的展览服务费和展览面积年度增长率的乘积作为计算基数（下同），按照计算基数的 40% 给予奖励；对展览面积 3 万平方米至 5 万平方米、展览面积增长 30% 以上的展会，按照计算基数的 30% 给予奖励；对展览面积 5 万平方米至 10 万平方米、展览面积增长 20% 以上的展会，按照计算基数的 20% 给予奖励；对展览面积 10 万平方米以上，且比上届举办的展览面积增长 10% 以上的展会，按照计算基数的 10% 给予奖励； （4）在海珠区内举办展览面积 0.6 万平方米以上的展会，境外企业参展面积占 20% 以上的，对展会经营方的海外推广费用（包括印制外文宣传品、海外媒体投放广告、其他形式推广活动的费用）给予 50% 奖励，每届奖励最高 20 万元，同一公司一年内最多不超过 30 万元，同一公司历年累计不超过 100 万元； （5）展览公司或其境外子公司独自或与其他公司合作在境外举办定期展会，且每届展览面积 0.6 万平方米以上的，前三届分别按场馆收取的展览服务费 20%、15%、10% 的比例给予展会经营方资金奖励，每届奖励最高 20 万元； （6）专业化程度高、在海珠区连续举办 10 届以上的展会，给予展会经营方奖励。对连续举办 10 届以上、20 届以下，最新一届展会展览面积 0.6 万平方米至 5 万平方米的展会，给予 10 万元一次性奖励；最新一届展会展览面积 5 万平方米以上的展会，给予 20 万元一次性奖励。对连续举办 20 届以上，最新一届展会展览面积 0.6 万平方米至 5 万平方米的展会，给予 20 万元一次性奖励；最新一届展会展览面积 5 万平方米以上的展会，给予 30 万元一次性奖励。奖励金额按该展会达到的最高奖励标准执行，不重复奖励，展会届别或展览面积提高的，按奖励标准差额补足奖励； （7）对新获得 UFI 认证的展会，给予 10 万元一次性奖励；

城市/地区	年份	会展促进政策
广州	2016	（8）首次在海珠区办展的展览公司，可申请区会展办协助办理展会有关手续，协调解决办展过程有关问题。区政府鼓励展览公司和展馆建立长期稳定合作关系，鼓励展会与展会之间、展馆与展馆之间、展馆与展会之间友好合作、良性竞争 3. 大型展会扶持措施 （1）支持展会适当营造营商氛围，在展会举办场地周边可按相关规定设置临时户外广告设施； （2）向展会的经营方颁发"海珠区重点企业绿色通道服务卡"，享受重点企业绿色通道服务； （3）由区会展办牵头，召集海关、检验检疫部门和区相关部门主动、及时、快速协调展会举办过程中出现的问题； （4）加大对大型展会品牌的推广，在海珠区参加各类大型展览、投资推介、贸易洽谈等招商活动中，优先宣传和推介招商； （5）加强对大型展会的认证和宣传，支持会展促进会对大型展会进行认证，并在会展促进会门户网站进行发布宣传； （6）协调海关驻会监管，积极指导展会进境展品申请享受海关免除关税担保。对已批准作为指定场馆备案的大型展览会的展览品，协调海关开通"绿色通关"通道，保证进境展览品及时参展 4. 会议扶持措施 （1）首届在海珠区举办、承诺在海珠区连续举办5届以上的会议；或者从广州市以外移至海珠区举办、承诺在海珠区连续举办5届以上的会议，前三届分别按会议成本20%、15%、10%的比例给予会议经营方资金奖励。会议成本包括场馆收取的展览服务费、推广费用（包括印制宣传品、媒体投放广告、其他形式推广活动的费用）、嘉宾接待费（包括会议演讲嘉宾的差旅费、会议前一天及会议期间住宿费）等。每届奖励最高30万元，同一经营方一年内最多不超过50万元，同一经营方历年累计不超过150万元； （2）若会议对海珠区经济社会的发展具有重大积极影响的，经营方可申请每届会议奖励比例提高5个百分点，每届奖励金额最高50万元。奖励金额经区发展会展业工作领导小组审议后报请区政府决定； （3）加大对会议品牌的推广，在海珠区参加各类大型展览、投资推介、贸易洽谈等招商活动中，优先宣传和推介招商； （4）加强对会议的认证和宣传，支持会展促进会对会议进行认证，并在会展促进会门户网站进行发布宣传； （5）对海珠区社会经济发展做出突出贡献的大型国际会议，经区发展会展业工作领导小组审批，参照大型展会扶持措施执行 5. 对会展园区的扶持措施 （1）协调电信服务运营商为园区配套建设全覆盖的公共无线网络接入基础设施；

续表

城市/地区	年份	会展促进政策
广州	2016	（2）协调供电部门提高园区提供供电保障； （3）协调海关部门指导研究设立海关会展监管区； （4）向园区运营企业颁发"海珠区重点企业绿色通道服务卡"，享受重点企业绿色通道服务； （5）园区从海珠区外引进在海珠区进行商事、税务登记和统计管理的展览企业，或园区引进在海珠区新设立的展览企业，且企业承诺3年内不迁离海珠区，新引进的展览企业年度展览业务总营业收入超过1000万元的，于企业进驻园区的下一年度给予园区运营企业20万元一次性奖励（符合本项同时符合海珠区其他政策中有关奖励条款规定的，按照实际奖励金额较高的条款执行）； （6）园区从海珠区外新引进UFI成员企业的，或展览企业进驻园区一周年内被认定为UFI成员企业的，于下一年度给予园区运营企业按每家UFI企业10万元的一次性奖励（同一园区运营企业同时申请上述第5、6项扶持措施的，两项奖励累计不超过80万元）； （7）园区运营企业完成招商工作并达到协议要求的，可以申请以下扶持： 1）园区运营企业专项补贴。补贴标准为：按照入驻园区的展览企业租用总办公面积，每月每平方米补贴10元，补贴期限为2个完整自然年度，每年补贴金额最高150万元； 2）园区提升配套设施奖励。在动工前向区会展办提出申请并在完工后通过验收的园区配套设施建设工程，给予其不超过实际固定资产投入额（基建和土地款和财政扶持资除外）10%的资金奖励，同一园区奖励最高50万元（符合园区提升配套设施奖励并同时符合海珠区其他政策中有关奖励条款规定的，按照实际奖励金额较高的条款执行） 6. 对会展核心人才的激励措施 （1）会展核心人才参加由广州市内大专院校、研究机构、培训机构开办并经政府相关部门认定备案的会展相关的学历教育、职业资格培训课程的，给予教育培训奖励。奖励标准为教育培训实际产生学费的50%，奖励最高1万元，每人最多可以享受2次奖励； （2）对获得国家一级、二级会展策划师等国家认证的会展核心人才给予1万元一次性奖励； （3）参照广州市、海珠区引进拔尖人才的相关政策，优先提供人事代理等人事人才服务
深圳	2010	《关于进一步优化办展环境促进我市会展业发展的若干措施》 1. 成立深圳会展业发展协调联席会议，协调推进我市会展环境统一规划和配套服务体系建设；协调各会展行政管理和服务部门，简化管理审批程序；协调展会期间的安全、交通、停车等问题

续表

城市/地区	年份	会展促进政策
深圳	2010	2. 加大政府资源对会展业宣传推介的投入。利用全市机场、码头、口岸和主要交通干道等区域设置的广告牌，市城管局在资源调配上给予优先协调与支持。深圳会展中心红线范围内的广告宣传设置，由深圳会展中心根据展会排期，按季度向市城管局进行报备；红线范围外的户外宣传品设置，由市城管局根据展会实际情况给予优先支持 3. 对大型展会、品牌展会以及市政府主办的高交会、文博会、国际人才交流会等国家级、成规模和影响大的品牌展会，市财政要进一步加大资金扶持力度 4. 试行减免展商品展销登记证办理手续，对在深圳会展中心举办的展览，除现场有现金、零售交易的，其余展会均免于办理商品展销登记证；需要办理商品展销登记证的，由市市场监管局福田分局统一办理 5. 延长展会车辆布撤展通行证的有效期限，对在深圳会展中心举办的展会、活动，由市公安局福田分局统一受理所有展会的治安报备文件，并根据展会实际情况分类上报审批，在 7 个工作日内回复办理结果 6. 提高进出口展品的报关速度，参照北京等城市做法，深圳海关对展览品贸易方式下报关单的电脑审单环节开辟"绿色快速通道"；"双休日"正常办理展品出入境手续，实现每周"5+2"不间断通关 7. 优先办理国际性展会的报检手续，普通展品即报即批；旧机电、动植物等暂时性进口特殊展品，在进口 20 日前办理报批手续，深圳出入境检验检疫局予以优先办理
	2014	《深圳市会展业财政资助专项资金管理办法》 1. 在我市举办展览面积达到 4500 平方米及以上的展会，最高按照实际租用场馆场租费用的 25% 给予资助，资助金额不超过 200 万元，资助不超过 5 届 2. 在我市举办的已过培育期的重要展会，其展览面积比上届扩大 20% 及以上，或展览面积达到 20000 平方米或以上且比上届扩大 4500 平方米以上的，最高按实际增加租用场馆场租费用的 50% 给予资助，资助金额不超过 100 万元 3. 对经市经贸信息部门认可的第三方机构对展会数据的认证费用，最高给予实际费用 50% 的资助，每次认证的资助金额不超过 5 万元 4. 在我市召开的重要国际会议最高按照实际场租费用 50%、境内外专业媒体广告费用 30% 给予资助，每届会议的资助金额不超过 100 万元。政府财政已安排经费的会议不享受此项资助 5. 对在我市举办的获国际展览业协会（UFI）等国际展览机构认证的展会以及获国际展览业协会（UFI）等国际展览机构认证的我市展览机构，一次性给予 15 万元的奖励 6. 市经贸信息部门每年对深圳品牌展会进行认定，对经认定的品牌展会给予最高 50 万元的奖励。品牌展会认定办法另行修订

城市/地区	年份	会展促进政策
杭州	2011	《杭州市关于促进会展业发展的若干意见》 1. 突出主题，凸显"生活品质"城市品牌 依托杭州特色产业打造"生活品质"类会展，大力促进会展业与旅游、休闲的结合，以旅促展、以展带旅，努力形成观光游、会展游、休闲游"三位一体"的局面 2. 搭建平台，完善社会化运作机制 完善会展业的管理协调机制、政府背景特定会展的运作机制、专业性品牌会展的运作机制 3. 开拓渠道，建立多元资金筹集方式 盘活项目资源；盘活公共资源；盘活市场资源 4. 整合力量，形成联动融合的良好局面 充分发挥会展办的协调职能，建立会展项目联动机制，与长三角重要城市建立合作共赢关系，积极利用上海的国际会展资源，建立与国际会展权威机构和国际名人之间的互动，建立与国际会展组织的联系，加强与国际行业组织的合作 5. 完善保障，优化会展业发展环境 加快会展业的设施建设；出台会展业的管理办法，健全会展业的行业组织，建立会展业的统计制度，积极创造条件，支持、协调相关院校开设会展专业或会展课程，为会展业输送人才 6. 完善会展业的扶持政策 市会展办与市财政局负责编报会展业专项资金年度使用计划和预决算，对资金使用进行管理。会展业专项资金主要用于我市会展业的宣传与推广、引进与扶持、表彰与奖励以及其他公共性支出。政府的农业以及文化、动漫、旅游、丝绸、信息化、招商引资等服务业专项资金，可适当用于对口专业会展的引进、扶持和培育
	2016	《杭州市促进会议与奖励旅游项目引进支持办法》 对在杭州举办的国际会议、国内学术会议、国内商业会议、入境奖励旅游项目和国内奖励旅游这些大型会展项目提供资金支持。通过发放会奖特惠券的形式让国内外企业来杭举办会展项目时实行会议消费满就减的优惠
天津	2016	《2016 年天津市支持会展经济加快发展项目申报指南》 重点支持依托天津产业特点，促进贸易流通，符合天津产业发展方向的大型专业展览和会议。鼓励引进在国际、国内具有影响力的大型展览和会议，培育天津新题材专业展览，支持展览规模化发展，支持展会取得 UFI 认证

续表

城市/地区	年份	会展促进政策
南京	2015	《南京市会展发展专项资金管理办法》 1. 专项资金采用补助、奖励等方式，对展览、大型会议的场地租金、重大活动和综合性保障工作给予补助；对优秀展会等给予奖励 2. 正式通过国际展览业协会（UFI）认证的展览项目给予一次性资金补助
成都	2011	《成都市人民政府关于加快会展业发展的意见》 1. 大力培育会展企业，重点打造品牌会展。凡规模达到 3 万平方米以上的外来展会和规模达到 1 万平方米以上的自办展会，给予举办单位 5 万元至 30 万元的补贴。对国际或国家级重大会展项目来蓉举办采取"一事一议"的办法予以扶持 2. 加快培育地方特色节庆活动。对由市政府主办，区（市）县承办的在国际国内有一定影响力的节庆活动，根据活动规模、档次和效果，对承办或执行单位给予不超过 30 万元的补贴 3. 提升重大会展项目宣传推广水平。市属媒体确保提供一定版面（时段）用于会展产业和重点会展项目新闻宣传。每年在市会展业发展专项资金中安排比重不低于 5% 的经费用于会展产业和会展项目的宣传推广 4. 强化展会形象氛围营造。按城市户外广告设置管理要求，对重点会展项目，加大公共资源支持力度，在重点路线和点位设置户外广告和灯杆道旗宣传展会；在城区主要出入口及显著位置设立电子广告牌，及时发布品牌展会信息，营造会展整体氛围 5. 加快展会信息平台建设加快会展人才培养，对取得会展资质类证书的参训人员补贴部分培训费用。把引进会展高端人才纳入全市人才建设规划，通过各种渠道重点引进会展策划和管理等方面的高层次人才 6. 把会展业经费纳入财政预算并视会展业发展情况逐年增加。市财政每年安排会展业发展专项资金，相关区（市）县根据每年重点会展活动安排会展业发展专项资金
	2016	《2016 年度成都市会展业发展专项资金实施细则》 1. 对在成都市举办的重点节庆、展览、会议、赛事的举办机构给予专项资金支持 2. 对参加成都市博览局（市贸促会）举办或参与的境内外经贸对接活动、展览展示等会展经贸交流活动的企业和组织机构给予专项资金支持 3. 对加快会展专业化、国际化、品牌化、信息化建设的成都市会展企业给予专项资金支持 4. 对成都市国际经贸交流和会展行业协会及相关社团组织给予专项资金支持

续表

城市/地区	年份	会展促进政策
苏州	2015	《关于促进会议展览业加快发展的政策意见》 1. 对在苏州市按市场化运作方式和成功举办的符合条件的经贸类自办展览会给予奖励 2. 对连续举办三届、1000 个标准展位以上，并取得国家注册商标的展会，给予注册本市的主办企业一次性 10 万元专项奖励；对获得国际展览联盟（UFI）等国际组织认证的展览项目，给予主办该项目的本市企业 20 万元的一次性奖励
郑州	2009	《郑州市人民政府关于进一步促进郑州市会展业发展的意见》 1. 在我市新创办的（含国内外投资者来我市设立的分支代理机构），注册资金在 500 万元以上的展览企业，自开办之日起 3 年内，可按其当年交纳流转税地方留成部分，由同级财政给予同数额的补贴 2. 政府重点支持的展会，依举办人申请，可按照展会举办单位该届展会所交纳流转税地方留成部分，由同级财政给予同数额的奖励 3. 从事专业展馆经营的企业，以其当年累计举办展览面积为依据（郑州国际会展中心不低于 80 万平方米，中原国际博览中心不低于 20 万平方米），可按企业当年交纳流转税地方留成部分，由同级财政给予同数额的奖励 4. 由政府部门举办或创办的展会项目，规模大，并对我市主要行业和区域经济发展有积极推动作用的，经筹备部门申请，政府可给予一定的筹办经费支持 5. 设立会展业发展专项资金，市财政每年预算安排会展业发展专项资金 1500 万元 《郑州市会展业发展专项资金管理办法》 1. 本地展览项目培育、补贴的对象和标准 （1）对新创办的展会，按照展会实际展位数量进行补贴，最高不超过 6 届。每届展会申请补贴的展位规模应不低于 200 个、300 个、400 个、500 个、600 个、700 个标准展位，未达到规模的展会不予补贴。前 3 届，按实际销售展位数量（特装折合成标展），每个展位补贴 400 元，第 4、5、6 届分别按每个展位补贴 300 元、200 元、100 元。每届补贴总额最高不超过 50 万元； （2）现有展会 6 届以上的，为鼓励其继续做大做强，以上一年（届）展览规模为基数，每增加 100 个标准展位（特装折合成标展），奖励 1 万元，最高不超过 20 万元； 1）为引导专业相近的中小专业展会走联合办展、共创品牌的路子，对整合资源后的展览规模达到 1000 个标准展位以上的，视作新办展会予以补贴； 2）以上展览规模的核定标准均含下限不含上限，申请奖励或补贴的展览会举办天数应达 3 天以上（含 3 天）

城市/地区	年份	会展促进政策
郑州	2009	2. 用于国内外流动性大型展览项目申办经费或补贴 （1）支付对象：规模达到 3 万平方米以上，市政府未支付申办费和申办补贴的流动性展会主办方； （2）奖励标准：第一年（届）按每万平方米 10 万元的标准予以奖励，自第二年（届）开始，以第一年（届）的标准为基数，在其连续举办年份（届数）内，奖励标准每年递增 10%（最高奖励标准不超过每万平方米 20 万元）。期间有中断的，不连续计算年数（届数），自下一次回到我市起，重新按第一年（届）每万平方米 10 万元的标准计算 3. 用于展览项目引进奖励的对象和标准 引进的展览会规模达 1 万平方米（含）以上，举办时间达 3 天以上（含 3 天），按每万平方米 2 万元的标准对引进者给予奖励 4. 用于会议或节庆活动补贴或奖励的对象和标准 （1）国内大型商业性会议或节庆活动，是指由各类部门、行业组织、企业主办的，实际会期达 2 天以上（含 2 天）的论坛、研讨会、洽谈会、订货会、年会、节庆活动等，其补贴金额最高不超过 15 万元，具体标准为： 1）会议安排住宿以五星级宾馆为主，且住宿人数在 400 人（含）以上，每个会期以 150 元/人的标准给予补贴。其他住宿四星、三星级宾馆的人数可分别按 0.6 和 0.3 的系数折算成五星级住宿人数计算； 2）会议安排住宿以四星级宾馆为主，且住宿人数在 700 人（含）以上，每个会期以 100 元/人的标准给予补贴。其他住宿五星、三星级宾馆的人数可分别按 1.7 和 0.5 的系数折算成四星级住宿人数计算； 3）会议安排住宿以三星级宾馆为主，且住宿人数在 1500 人（含）以上，每个会期以 50 元/人的标准给予补贴。其他住宿五星、四星级宾馆的人数可分别按 3.3 和 2 的系数折算成三星级住宿人数计算 （2）国际性会议，是指由各类部门、行业组织、企业主办的，有来自境外 5 个以上国家（地区）参会人员，实际会期达 2 天以上（含 2 天）的论坛、研讨会、洽谈会、年会等会议活动； （3）境外参会人数达到 50 人（含 50 人）以上的，按照境外参会人数，每个会期以 500 元/人的标准给予补贴，最高不超过 20 万元。境内参会人数，按国内大型商业性会议或节庆活动的标准执行 5. 用于会展业宣传推广、项目推介及行业交流经费 （1）宣传推介经费用于我市会展业和会议、展览活动的宣传推介及光盘、刊物和其他会展宣传用品的设计制作及其他宣传费用； （2）行业交流活动经费用于对我市会展业进行对外宣传推广、外出考察学习经费，开展会展业的招商引资，引进或移植境外品牌展会来我市举办的前期必要费用等

城市/地区	年份	会展促进政策
郑州	2009	6. 用于会展业人才培育以及其他基础性工作经费 （1）规划经费；调研经费；统计经费；培训经费；评估经费；评比表彰经费；法律咨询经费用于会展纠纷处理，各项合同文本、法律规范性文件审定的法律咨询活动；国际认证经费支持我市相关机构或会展项目申请加入国际展览业协会（UFI）、国际会议协会（ICCA）等国际性组织，取得国际认证； （2）对取得 UFI、ICCA 认证的机构或项目，给予认证后 3 年会员费 50% 的奖励；其他工作经费用于其他能够促进我市会展业发展的基础性、保障性工作
海口	2016	《海口市扶持会展业发展若干规定》 1. 在海口市举办的会展活动，由市级财政预算安排专项资金予以补贴，以扶持本市会展业的发展 2. 对举办会议项目进行扶持 （1）国内会议。单个会议补贴金额最高可达 80 万元； （2）国际会议。单个会议补贴金额最高可达 100 万元； （3）特大型会议。外来参会人数达 3000 至 5000 人，给予 120 万元补贴 3. 对培育展览项目和引进展览项目进行补贴 4. 对重点培育和扶持的会展项目，按实际运营支出的场租费、宣传广告费及专业观众邀请费总额的 30% 予以补贴
昆明	2015	《昆明市会展业发展专项资金管理试行办法》 1. 引进展会项目非定点在昆明举办的，展览面积达 1 万~3 万平方米（含 3 万平方米）的，一次性给予不超过 10 万元的资金补助；展览面积达 3 万~5 万平方米（含 5 万平方米）的，一次性给予不超过 30 万元的资金补助；展览面积达 5 万~10 万平方米的（含 10 万平方米），一次性给予不超过 50 万元的资金补助；展览面积达 10 万平方米以上的，一次性给予不超过 80 万元的资金补助 2. 引进展会项目定点在昆明举办的，以及本地会展主办机构在昆自办的会展项目，展览面积达 1 万~3 万平方米（含 3 万平方米）的，一次性给予不超过 30 万元的资金补助；展览面积达 3 万~5 万平方米（含 5 万平方米）的，一次性给予不超过 60 万元的资金补助；展览面积达 5 万~10 万平方米（含 10 万平方米）的，一次性给予不超过 90 万元的资金补助；展览面积达 10 万平方米以上的，一次性给予不超过 120 万元的资金补助 3. 由国际性、国家级知名机构和企业在昆举办的，在国内外有较大影响力、对昆明特色产业具有明显拉动作用、对昆明会展业发展有较大促进作用、对提升城市知名度有积极推动作用的各类品牌展会项目，可参照本条第（一）、（二）项，适当放宽补助条件，提高补助档次，采取一事一议的方式予以支持

城市/地区	年份	会展促进政策
昆明	2015	4. 组织相关企业参加昆明市博览事务局举办或参与的境内（省外）、境外洽谈推介、展览展示、开拓新兴市场等会展交流活动的补助： （1）组织 3 家及以上企业参加境内（省外）、境外洽谈、推介、交流的组织单位，可申请补助。补助标准：人员费用（包括交通费、食宿费）按每个参加企业不超过 2 人，不超过 60% 进行补助。补助总费用不超过 10 万元； （2）组织 3 家及以上企业参加境内（省外）、境外展览展示，且参展总面积达 27 平方米（3 个标准展位）以上的组织单位，可申请补助。补助标准：展位费用按每个参展企业 1 个展位，不超过 70% 进行补助；人员费用（包括交通费、食宿费）按每个参展企业不超过 2 人，不超过 60% 进行补助。补助总费用不超过 30 万元
宁波	2015	《关于宁波市会展业发展专项资金管理办法的通知》 1. 凡由会展企业或中介机构在宁波国际贸易展览中心举办的展期不少于三天且运作规范的展会活动，以及在宁波市举办的，并且未获得各级财政专项资金的国际性或全国性特色节庆和高端会议（论坛），均可申请专项资金； 2. 强对新办展会的资助力度。对新办展会（2010 年 1 月 1 日后举办的展会）连续资助 5 年（届），满期则不再资助； 3. 申报专项资金的各类节庆活动，根据其规模大小、主办层次和经济社会效应，经综合评估，分别予以 5 万元、10 万元、15 万元、20 万元、25 万元、30 万元六个档次的资助； 4. 申报专项资金的国际性和全国性会议（论坛），根据会期天数、规模大小、主办层次和经济社会效应，经综合评估，共设十二档予以资助，最高不超过 30 万元
合肥	2016	《合肥市扶持产业政策的若干规定》 1. 加快资金兑现。市各政策执行部门要本着简便、快捷、高效的原则，优化政策资金兑现流程及相关印证材料，加密政策资金兑现频率 2. 支持会展经济： （1）举办展会室内面积达到 10000 平方米或 500 个标准展位，全年室内展会面积累计达到 5 万平方米或 2500 个标准展位的会展企业，给予 50 万元奖励；超过 5 万平方米或 2500 个标准展位的，室内展会面积每增加 10000 平方米或 500 个标准展位，再奖励 10 万元。相同题材和内容展会已奖励三次的，从第四次开始按奖励金额的 70% 给予奖励； （2）举办国际性、全国性展会，根据展会规模和影响力等情况，对主办单位或引进单位给予补贴

续表

城市/地区	年份	会展促进政策
青岛	2011	《青岛市财政局扶持展览业发展专项资金管理暂行办法》 1. 展览会符合下列条件的，前三届分别按照实际租用场地租金25%、30%、35%的比例给予展览会主要承办单位补助，每届补助最高金额原则上不超过50万元：属于首次在青举办的国际性或全国性专业展览会；申办、引进的展览面积达到20000平方米以上；展示内容与展会主题符合程度达到95%以上；展期在3天（含3天）以上 2. 展览会符合下列条件的，给予展览会主要承办单位一次性创新奖励5万元：由在本市注册的并在本市辖区内纳税、具有展览经营范围的公司或机构新创办的；在本市范围内从未举办过相同内容的展览会；首届室内展览面积达到8000平方米（含8000平方米）以上 3. 展览会符合下列条件的，对展览会主要承办单位按照其前三届展览规模的平均数为基数，不足三届的以上一届为基数，对其增量部分进行奖励，以500平方米为基数，增量每增加500平方米奖励2万元，最高限额为50万元：本市具有相当规模的已有展览会；由在本市注册、纳税并具备办展资格的公司或机构举办的；规模达到6000（含）平方米以上；展示内容与展览会主题符合程度达到95%以上；展期在3天（含3天）以上的 4. 鼓励联合办展，对符合下列条件的展览会，给予联合办展的各承办方一次性创新奖励12万元：专业类别相近，联合办展、共创品牌的中小专业展览会；资源整合后的室内展览面积达到10000平方米（含10000平方米）以上 5. 一个展览会若涉及多个主题，只对符合条件的主题展会进行补助或奖励，并按同一主题集中展示的数量进行核算 6. 对于市政府主办、招徕的展览项目，其补助或奖励额度由市政府研究决定
	2014	《关于加快高端会展业发展的意见》 1. 规划、建设"四区、一带"高端会展核心区 2. 壮大蓝色经济主题高端会展，培育财富管理系列高端会展，创办和承接国际合作主题会展，引进有利于扩大会展目的地城市影响力的重要巡回会展，打造区、市品牌会展活动 3. 促进对优势产业和新兴产业具有引领作用的会展发展，促进我市优势产业升级和新兴产业加快发展。进一步激发市场主体活力，加强组织领导和服务保障，完善工作推进机制，建立和完善全市会展人才教育培训体系
珠海	2016	《珠海市人民政府办公室关于加快发展生产性服务业的实施意见》 1. 依托珠海国际会展中心，建设区域会展基地，大力支持珠海国际会展中心进一步完善功能和配套建设 2. 做大做强标志性展会，引领会展业国际化、专业化、品牌化发展，鼓励成熟、有实力的企业"走出去"拓展国际会展服务市场，参加国际会展行业的交流 3. 加强与港澳台及国外会展业的合作，吸引国际会展企业和知名会展项目聚集珠海，建设成为区域会展基地

续表

城市/地区	年份	会展促进政策
西安	2010	《关于进一步促进会展业发展的若干意见》 1. 建设以西安为中心的会展经济圈。加强规划布局，优化资源配置，突出专业功能，提升西安会展中心城市的承载力和凝聚力 2. 组建大型专业会展企业集团；鼓励引进国内外先进的经营理念和管理技术；完善会展产业体系建设，延长会展产业链；实施品牌带动战略 3. 筹集资金专项用于会展业发展。由市财政从西安市现代服务业发展专项资金中安排500万元，争取省上支持会展专项资金扶持、国内外企事业单位赞助等多渠道筹集资金，重点用于宣传推介会展环境，培育扶持品牌展会，申办引进国内外知名会展活动、奖励落户西安及对经济社会发展带动作用的知名展会等 4. 为宣传会展环境，推介会展项目，市政府安排部分广告资源，用于发展会展业中的公益内容和重要会展活动的宣传 5. 加快会展业法规建设，建立会展业统计制度，加强会展业知识产权保护，做好展会的配套服务和协调保障；构建会展业发展人才支撑体系
	2011	《西安市会展业发展专项资金管理办法》 1. 举办类奖励：对我市会展企业或相关机构按照市场化运作，自行举办且具有一定规模，能带动主导产业发展，具有发展前景的展览按以下标准进行奖励： （1）标准展位数达到800个（含）至1500个或展览面积达到16000m²（含）至30000m²的展览，给予10万元的奖励； （2）标准展位数达到1500个（含）至2500个或展览面积达到30000m²（含）至50000m²的展览，给予20万元的奖励； （3）标准展位数达到2500个（含）至3500个或展览面积达到50000m²（含）至70000m²的展览，给予30万元的奖励； （4）标准展位数达到3500个（含）以上或展览面积达到70000m²（含）以上的展会，给予40万元的奖励 2. 招徕类奖励：凡引进招徕有一定规模的全国性、国际性专业展会在我市成功举办，对宣传提升我市形象，促进经济发展有积极意义的，对招徕单位按以下标准进行奖励： （1）标准展位数达到1000个（含）至1500个或展览面积达到20000m²（含）至30000m²的展览，给予10万元的奖励； （2）标准展位数达到1500个（含）至2500个或展览面积达到30000m²（含）至50000m²的展览，给予25万元的奖励； （3）标准展位数达到2500个（含）至3500个或展览面积达到50000m²（含）至70000m²的展览，给予35万元的奖励； （4）标准展位数达到3500个（含）以上或展览面积达到70000m²（含）以上的展会，给予40万元的奖励

续表

城市/地区	年份	会展促进政策
西安	2011	3. 大中型会议奖励： （1）国内大中型会议指由各类部门、行业组织、企业主办的，实际会期达到 2 天以上（含 2 天）的论坛、研讨会、洽谈会、订货会、年会等会议活动： 1）参会代表人数在 500（含）~1000 人的，奖励 10 万元； 2）参会代表人数在 1000（含）~1500 人的，奖励 20 万元； 3）参会代表人数在 1500（含）~2000 人的，奖励 30 万元； 4）参会代表人数在 2000 人（含）以上的，奖励 40 万元； 5）参会代表中 50%以上应为外省、市参会代表 （2）国际性会议指由各类部门、行业组织、企业主办的，有来自境外 5 个以上国家（地区）参会人员，实际会期达到 2 天以上（含 2 天）的论坛、研讨会、洽谈会、订货会、年会等会议活动： 1）参会代表人数在 300（含）~500 人的，奖励 10 万元； 2）参会代表人数在 500（含）~800 人的，奖励 25 万元； 3）参会代表人数在 800 人（含）以上的，奖励 40 万元； 4）参会代表中 50%以上应为境外参会代表 （以上若是由本市注册公司和相关机构自主举办或引进招徕的，由举办或招徕机构申请奖励；若是由外地机构在我市举办且无招徕单位的，直接奖励承办单位） （3）对国内外知名品牌会展公司落户我市、注册设立分公司或合资公司，按从营业年度起的企业所得税市与区县留成部分，第一年给予全额奖励，第二至五年按增量部分给予奖励； （4）对招徕、举办超大规模、有突出影响和发展潜力的展会活动，实行"一事一议"的扶持政策 4. 培育性会展活动的奖励补助：对具有产业基础和市场基础，发展前景好、发展潜力大的尚在品牌培育期的展览、会议项目，以及由政府主导、难以完全市场化运作，同时又无其他专项资金支持的展览、会议项目（实际展览面积或参会人数应比上届增加 20%及以上），给予举办单位一定奖励补助。享受补助的展会项目不再享受展会举办奖励 5. 促进我市会展业发展的基础性工作经费：对市会展办利用国内外主流媒体、推介会等形式进行我市会展环境和重点会展项目宣传推介等为提升我市会展业总体形象而发生的宣传经费，市会展办组织开展申办国际性、全国性知名会展活动等的必要支出，市会展办开展的会展行业资质评审、统计、人才培训等促进我市会展业发展的基础性、保障性工作支出进行补助
	2016	《2017 年度西安市会展业发展专项资金项目申报指南》 1. 对西安市会展企业在本市举办的，参会代表人数在 500 人（含 500 人）以上，且 50%以上为外省、市参会代表的国内会议及参会代表人数在 300 人（含 300 人）以上，且 50%以上为境外参会代表的国际会议进行奖励 2. 对市级部门外出参展活动由市会展办商市财政局给予参展展位费适当补助

续表

城市/地区	年份	会展促进政策
西安	2016	3. 对国内外知名品牌会展公司落户西安市、注册设立分公司或合资公司，给予所得税奖励。市政府专项确定支持的会展项目或从其他渠道已获得市财政资金支持的项目不得申请会展专项资金支持
贵阳	2011	《贵阳市会展业管理暂行办法》 1. 对符合贵阳市产业发展需求，对会展经济有促进带动作用的会展活动，涉及的行业行政主管部门应根据会展活动需要，给予全方位的有效服务，确保会展活动的成功举办 2. 引进的会展活动，市会展办应当帮助会展活动举办方协调相关部门为举办单位及时办理相关手续，并统筹协调会展活动涉及的部门为会展活动提供优质服务 3. 市人民政府设立会展发展专项资金，用于支持、扶持贵阳市的会展业 4. 市会展办建立会展投诉处理制度，接受投诉举报，按规定及时移送相关部门处理。同时落实会展活动信访工作责任制
东莞	2011	《促进东莞市会展业发展工作方案》 1. 建立十大会展项目认定制度。对获得认定的项目，作为市政府重点支持展会，按档次规模给予资助（市财政出资支持举办的展会除外），专项主要用于展会场地租金、宣传推广、专业买家邀请、展位搭建等实际费用的资助 2. 加大政府支持力度。对认定的市重点支持展会，以市政府名义发函邀请省政府或省级有关职能部门领导出席展会开幕式，并统筹安排市级领导出席，提高活动层次、媒体曝光率和社会关注度 3. 加强品牌展会保护力度。制定商标注册保护方案，对于市政府重点支持的展会或注册成为商标的展会，市属展馆要优先安排展会排期，并要严格限定与之主题相同、内容相近的同类展会，在展会开幕当日的前后各45天内不得举办 4. 大力支持引进（申办）国内外大型展会，对承办单位给予奖励，向国内先进城市学习，成立品牌会展项目引进（申办）工作组，在申请国家级重点项目和具备世界影响力的项目时，由市级领导出面进行招商谈判，带队向相关授权机构介绍东莞办展环境以及优惠政策，大力引进（申办）会展项目 5. 建立成长型展会认定制度，每年确定5个展会作为市政府重点培育扶持的成长型展会；扶持成长型展会做大做强。对获认定的市重点扶持成长型展会，连续两届给予宣传推广、场地租赁、展位搭建、专业买家邀请等实际发生费补贴资助 6. 鼓励引导主题相同、内容相近、行业密切相关的中小型展会联合办展、共创品牌。对资源整合后的展会，若展览面积和参展企业达到市十大会展项目标准的，按照十大会展项目的扶持办法和标准给予资助（下一年度如被评为市十大会展项目的不再重复资助）；若达到市重点扶持的成长型展会标准的，按照成长型展会的扶持办法和标准给予资助。对未能整合的，按照"扶优扶强"的原则，只对规模最大的展览项目的承办单位，按有关规定给予优先扶持，并要求市属展馆在排期上给予优先安排和重点保障

城市/地区	年份	会展促进政策
东莞	2011	7. 鼓励引进国内外专业展览公司。对引进的国内外专业展览公司，按照在莞注册资本、历年办展个数、累计展览面积、累计参展商数量、累计专业观众数量等划分等级，对专业展览公司给予奖励 8. 大力培育市内专业展览公司。为鼓励在我市注册的会展企业多办展、办好展，对在我市三大专业展馆举办的展会年度总展览面积达到5万平方米的专业展览公司，给予奖励；超过5万平方米的，每增加1万平方米，相应给予奖励 9. 鼓励支持我市相关机构或会展项目申请加入国际展览业协会（UFI）、国际会议协会（ICCA）等国际性组织，取得国际认证。对获得UFI、ICCA认证的机构或项目给予奖励 10. 对项目场地租金、场地布置费、宣传推广费、专家讲座劳务费等成本费用给予资助 11. 设立会展业发展专项资金。设立会展业发展专项资金，每年市财政投入不少于2000万元，对本方案中提出的重点展会、品牌展会、成长型展会、引进展会、整合型展会、专业展览公司、专业买家、品牌参展商、国际认证、宣传推广、商贸节庆等方面给予专项资助或奖励，发挥财政资金的引导和激励作用，推动东莞会展业持续发展。具体办法由市经信局会同市财政局制定
武汉	2011	《关于促进武汉市会展业发展的若干意见》 1. 加强统筹协调，构建有序工作格局 强化政府指导，建立联席会议制度，加强部门之间合作与交流；发挥协会作用，突出行业自律，营造公平合理、诚信有序的会展业竞争秩序 2. 改善展会环境，提供有力政策保障 提升政府服务效能，开辟会展绿色通道。在符合有关规定的前提下，对重点支持的大型展会，给予展馆周边的广告、灯饰设置快速审批和绿色通道待遇；在城区主要出入口及突出位置设立武汉会展专题的大型户外电子广告牌，营造会展整体氛围； 强化政策引导，加强资金扶持。设立扶持会展发展资金，统筹整合现有各类专项资金，力争我市每年用于支持会展经济的财政资金不低于2000万元，并视会展经济发展情况逐年增加，其具体管理办法由市财政局会同市商务局另行制定； 加强城市会展品牌的推广力度。在城市推广和招商引资工作中，加强对我市会展环境和品牌展会的整体宣传推广，提高武汉会展城市国际知名度 3. 壮大市场主体，加快会展人才培养 加快推进会展市场化进程，把更多的展会资源和发展契机让渡给企业；做大做强展会企业；大力发展会展关联产业；加快会展人才培养 4. 加强交流合作，积极开展招展引展工作 多渠道引进展会资源；学习先进经验，广泛开展合作；加强与国际展会组织、跨国展会公司的交流合作

续表

城市/地区	年份	会展促进政策
武汉	2011	5. 整合会展资源，做大做强展会品牌 整合展会项目；打造国际国内知名展会；发展特色常年展会；积极发展会议、节庆等各种形式的展会 6. 规划展馆布局，发挥功能区各自作用 重点打造国际博览城；着力改善武展会展区功能；积极提升光谷会展区功能
厦门	2014	《关于促进会议展览业加快发展的若干意见》 1. 常规奖励：对我市培育举办的经贸类专业展览会，符合下列条件的，每个展览会以实际标准展位数量按以下标准进行奖励，奖励届数不超过六届： （1）条件：展览项目由我市相关机构作为展览会主办、承办单位，采取市场化运作，具有潜在发展前景，并且长期、连续在我市举办；展览主题和内容符合我市产业政策和发展规划，能推动我市相关产业发展；新办展会举办前须经审查认可，不属于题材雷同展会方可申请；一个展览会若有多个主题，只对符合条件的主题进行奖励，并按照同一主题集中展示的展位数量进行核算；主、承办单位基本相同、主题和内容基本相似的展览会视为同一展览会，不得重复申请奖励；相同题材展览会，原则上应进行整合，未能整合的，按照"做大做强，扶优扶强"的原则只对其中规模最大的展览会予以奖励；每个展览会自首次申请奖励开始连续六届的展位规模依次需达 200 个、300 个、400 个、500 个、600 个、700 个标准展位（标准展位为 9 平方米，水上展区按展品面积折算成标准展位计算，下同），当届未达规模的不予奖励；展览会举办天数应在 3 天及以上； （2）奖励标准：第一、二、三届按每个标准展位奖励 500 元，第四、五、六届分别按每个标准展位奖励 400、300、200 元，每届奖励总额最高不超过 100 万元。当年展览会因故未举办、未申请奖励或规模未达标准的，列入累计奖励届数 2. 增量奖励：对常规奖励期满后展览规模取得一定增长的项目给予规模增量奖励。即与该展会的历史最大规模相比，每增加 5000 平方米且不少于 250 个展位，给予 5 万元奖励，鼓励继续扩大规模 3. 特别奖励：对符合常规奖励条件，且对促进福建传统产业和优势产业融合、推动展示交易中心建设有重要推动作用的机械电子、五金建材、家具家居、文化休闲、信息消费、都市农业、医疗医药、纺织服装、海洋航空装备、新能源新材料十大领域的重点展览会，在实行常规奖励的基础上增加 30% 的特别奖励 4. 对台奖励：对符合常规奖励条件的展览会中台湾企业参展，按每个标准展位给予 1500 元奖励，每个展览会奖励额度不超过 40 万元。大陆台资企业参展不予奖励；该展览会申请常规奖励、特殊奖励时应扣除对台奖励的展位数 5. 支持展会引进：对引进在我市成功举办在 3 天及以上的、展览规模达 1 万平方米的各类专业展览会，按照以下标准进行奖励：

城市/地区	年份	会展促进政策
厦门	2014	（1）展览规模达 1 万平方米且不少于 500 个标准展位的，给予 10 万元奖励；在此基础上，展览规模每增加 5000 平方米且增加不少于 250 个标准展位的奖励金额相应增加 5 万元； （2）每个展览项目奖励金额最高不超过 200 万元 6. 支持会议举办：对在我市举办的会期达 1 天、住宿 2 夜及以上的各类商业会议、学术会议，按照会议类别给予奖励： （1）商协会和企业会议：对由各类行业商（协）会、企业在我市举办的参会人数达 200~5000 人（不含）的各类商业会议活动，按以下标准给予奖励： 1）住宿四星级宾馆达 500~1000 间夜数（不含）的，给予 2 万元奖励； 2）住宿四星级宾馆达 1000~1500 间夜数（不含）的，给予 5 万元奖励； 3）住宿四星级宾馆 1500~2000 间夜数（不含）的，给予 10 万元奖励； 4）住宿四星级宾馆达 2000~3000 间夜数（不含），给予 15 万元奖励； 5）住宿四星级宾馆达 3000~4000 间夜数（不含），给予 20 万元奖励； 6）住宿四星级宾馆达 4000~5000 间夜数（不含），给予 25 万元奖励； 7）住宿四星级宾馆 5000 间夜数以上，给予 30 万元奖励 （2）学会学术会议：对由各类学会学术机构在我市举办的参会人数达 200~5000 人（不含）的各类学术会议活动，按以下标准给予奖励： 1）住宿三星级宾馆达 500~1000 间夜数（不含）的，给予 2 万元奖励； 2）住宿三星级宾馆达 1000~1500 间夜数（不含）的，给予 4 万元奖励； 3）住宿三星级宾馆 1500~2000 间夜数（不含）的，给予 8 万元奖励； 4）住宿三星级宾馆 2000~3000 间夜数（不含），给予 12 万元奖励； 5）住宿三星级宾馆 3000~4000 间夜数（不含），给予 16 万元奖励； 6）住宿三星级宾馆 4000~5000 间夜数（不含），给予 20 万元奖励； 7）住宿三星级宾馆 5000 间夜数以上，给予 24 万元奖励 （3）国际会议：对于参会人员有来自境外 5 个以上国家或地区（含港澳台）的国际会议，按照以下标准进行奖励： 1）境外参会人数达 100~200 人（不含）的，给予 10 万元奖励； 2）境外参会人数达 200~300 人（不含）的，给予 15 万元奖励； 3）境外参会人数达 300~500 人（不含）的，给予 20 万元奖励； 4）境外参会人数达 500~1000 人（不含）的，给予 30 万元奖励； 5）境外参会人数达 1000 人及以上的，给予 50 万元奖励 （4）特大型会议：对于参会人数达 5000 人及以上的特大型会议，按照以下标准进行奖励： 1）外来参会人数达 5000~8000 人（不含），给予 30 万元奖励； 2）外来参会人数达 8000 人及以上的，给予 50 万元奖励 （同一会议不可重复享受本条所述的四类会议奖励）

续表

城市/地区	年份	会展促进政策
厦门	2014	7. 支持知名会展机构引进：对我市会议业顾问单位或注册资本达500万元以上的境内外大型会展企业，在厦门设立从事会展业务、注册资金达150万元的独立法人企业（指从事会议、展览、活动的策划和组织、布展设计和搭建、会务承办和服务等业务的各类展览、会议、会务、公关、传播、顾问等企业），年会展营业额达到200万元的，从下一年度起，可获得购房或租房补助。符合补助条件企业，其购买的自用办公用房，按购房房价的5%（每平方米最高不超过800元）给予资金补助，最高不超过200万元，分3年平均支付；租赁的自用办公用房，连续3年每年按经核定的房屋租金的20%给予补助，累计最高不超过80万元。若实际租赁价格低于经核定的房屋租金水平，则按实际租价为基准计算租房补助 8. 支持我市会展业重要活动的开展 （1）经市政府批准，在我市举办的会展论坛、研讨会、专业买家考察等活动，以及赴国内外重点地区举办会展业推广、招商引资等活动； （2）经市政府批准，参加全国性、国际性会展行业专业展览、会议的参会参展、公共布展、宣传推介等活动 9. 支持我市会展业的宣传及申办 （1）会展业宣传：为提升我市会展业整体形象和影响力而进行的宣传推介、宣传品设计制作及其他宣传活动。为宣传推广我市会展业而策划实施的各类发布会、说明会、推广活动、媒体宣传和广告宣传等；支持厦门市会展网中英文网站的建设；设计制作我市会展业宣传推介资料（包括影像资料），编印相关出版物等； （2）会展申办：我市申办全国性或国际性的各类规模大、社会效益好或能长期在我市举办的专业会议和展览的各种直接费用，开展会展业招商引资和引进境外品牌展会的前期必要费用等 10. 支持会展业基础性、保障性工作的开展 调研：会展业的课题研究及专项调研；培训：会展业相关培训活动；统计：会展业专项统计工作；评估：重点会展项目评估；国际认证：对取得国际展览业协会（UFI）、国际会议协会（ICCA）等国际性组织认证的机构或项目，自申请年度起，连续3年，给予当年度会员费50%的补助